大家小书

丛书主编 詹伯慧

语文杂记

詹伯慧 著

暨南大學出版社
JINAN UNIVERSITY PRESS
中国·广州

图书在版编目（CIP）数据

语文杂记／詹伯慧主编．—广州：暨南大学出版社，2010．7
（大家小书）
ISBN 978－7－81135－552－9

Ⅰ．①语…　Ⅱ．①詹…　Ⅲ．①汉语—文集　Ⅳ．①H1－53

中国版本图书馆 CIP 数据核字（2010）第 111131 号

·大家小书·

语文杂记
著　　者　詹伯慧
书名题字　詹伯慧
出 版 人　徐义雄
策划编辑　杜小陆　黄　倩
责任编辑　杜小陆　黄　倩
责任校对　黄　球
出版发行　暨南大学出版社（广州暨南大学　邮编：510630）
网　　址　http：//www.jnupress.com　http：//press.jnu.edu.cn
电　　话　总编室（8620）85221601
　　　　　营销部（8620）85225284　85228291　85220693（邮购）
排　　版　暨南大学出版社照排中心
印　　刷　广州市怡升印刷有限公司
开　　本　850mm×1168mm　1/32
印　　张　6
字　　数　88 千
版　　次　2010 年 7 月第 1 版　2010 年 7 月第 1 次印刷
定　　价　20.00 元

总　序

这是一套由在语言文字研究中作出贡献，具有相当影响力的语文学家们分别撰写的、兼具应用性与通俗性的语文读物。“大家”是就作者而言，“小书”是就篇幅而言。这套丛书的定位是以“大家”的学问来撰写篇幅不大的普及性读物，力求深入浅出，通俗易懂，把“大家”的精深学识和独到见解以浅显的语言传达到广大读者中去。

乍看这一提法似曾相识。其实早在本世纪初，就已有出版社推出过“大家小书”丛书，陆续出版了包括中外“大家”所写的书共四辑，每辑若干册。那套丛书的作者确实都堪称“大家”，据介绍，用“大家”一词还包含有“给大家的读物”的意思，而“小书”者，也是就篇幅而言。那套丛书有个用意，就是要节省读者的时间，让读者在较短的时间内获得较多的知识。既然如此，我们缘何又不避重复、盗名之嫌，再来编辑这套同名的丛书呢？这里有必要略述因由：

其一，已刊的“大家小书”范围不限，收入的“大家”可以是人文社会学科的大学者，也可以是自然科学各门学科的大学者。我们这套丛书只约请语言文字学方面的“大家”撰稿，实际上只是传播、普及语言文字知识的“大家小书”。

其二，已刊的“大家小书”大都重刊“大家”过去出版过的著名作品，有保存经典、弘扬名家名著之功，所谓“真正地跟传统对话”。我们现在编的这套限于语文的“大家小书”，不重刊作者已出版过的著作。丛书中的“小书”，或为“大家”应约专门撰写的新作，或为“大家”近期刊于报刊中的、符合本丛书要求的文章的结集。

其三，已刊的“大家小书”虽是“小书”，但由于是重印作者以往的作品，基于存真，对于篇幅不会作严格的控制。我们现在编的这套“小书”，由于基本上是作者的新作，篇幅较易作硬性的控制：一般地说，这套丛书每一本都在十万字以内，是不折不扣的“小书”。

以上几点，说明这套以语言文字为内容的“大家小书”，尽管跟此前已出版的同名丛书在编纂宗旨上有某些相似之处，却不会是重复的出版物。

暨南大学出版社成立20余年来，一直以出版语言文字方面的著作为其特色之一，在语言文字学界有一定的影响。近期继陆续出版系列语言研究学术专著“语言研究新视角”丛书之后，又开始组织“大家”编写这套以通俗、普及为主旨的语言应用型“小书”，说明出版社正在从不同的层面进一步打造该社以语言文字的研究及其应用为特色的品牌。语言研究学术成果固然值得出版，把语言研究的成果用于语言应用，用于普及语言文字知识，提高全民语文水平，进而有助于提高全民文化素质的“小书”，无疑也是极有意义的、值得出版的著作。正是基于这种认识，作为一名在语言学园地耕耘了半个多世纪的“老农”，我很乐意在垂暮之年接受出版社的建议，担当起组织

“大家”编写这套丛书的职责来。我想出版社的这一建议，一定也会受到同道各位“大家”的鼎力支持。深信在各位“大家”和出版社的共同努力下，这套丛书一定会深受许许多多渴望掌握语文知识、提高语文水平的读者的欢迎。语言文字学“从实践中来，到实践中去”的理念将在这套丛书中得到贯彻落实，开花结果。

詹伯慧

2010年夏于暨南园

目 录

前　言

这本小书汇集我一年多来在香港大学讲学期间应香港《文汇报》之约，为该报副刊连续撰写的二十篇短文，再加上近期给大学生所作的一篇讲演稿。写这些文章，旨在贯彻“语言研究为语言应用服务”的精神，就社会上广大读者比较关注的一些语言文字问题作比较通俗的阐述。每篇文章讨论一个问题，一般不超过三千字。恰好向以语言文字学作为特色品牌的暨南大学出版社有意出版一些普及性、通俗性的语言文字读物，用“大家小书”为题，要我帮忙组织语言文字学家玉成此事。这一计划刚刚启动，在一时尚未获得应约专家惠稿之前，我就不辞浅陋，冒昧献出手中这二十余篇小文先走一步，望能起到抛砖引玉之效。

无独有偶。将近三十年前，我在东京大学客席任教两年，期间也曾应当年香港《文汇报》总编辑曾敏之先生之约，为该报开辟“东瀛杂记”专栏，先后发表了四十多篇旅日杂记，回国后先后两度经武汉大学出版社（1982）和人民文学出版社（1989，增订版易名为《日本面面观》）结集成书刊行，此番三十年后《文汇报》再约为其副刊辟专栏撰稿，仍以“杂记”为题，只不过说的是语言文字上的事儿，不再是“东瀛”的事儿了。半个多世纪的语文生涯，使我深深感到语言文字是一门最为贴近百姓生活，最能在“学以致用”中发挥作用的学科。从事语言文字的研究，无疑都应该像我们的先辈学者，如大师级的王力教授、吕叔湘教授那样，时刻把语言文字的社会应用，语言文字知识的普及传播记在心上，并且身体力行，付诸行动。我在构思酝酿这些小文的写作时，脑子里不断浮现前辈学者的教诲，现在写就的这些小文，只是自己在面对社会现实语文问题时所思所想的点滴体会与管见罢了。尽管自己在动笔时不断想到要尽力做到每篇文章既有一定的学术含量又能切合百姓的口味，但这又是谈何容易的事！此刻把这二十余篇粗糙的作业端出来，要请读者和同道专家不吝指教。活到老，学到老，但愿我这年届八十的老头儿还有再学习、再提高的机会。

詹伯慧

2010年6月于广州

普通话和方言

半个世纪以来，大江南北、举国上下一直都在大力推行作为全社会共同交际语的普通话。如今“一国两制”下的港、澳两个特别行政区也不甘落后，采取了许多有力的措施，尽力加快“推普”的步伐，期望在不久的将来，港、澳同胞也都能说上一口虽说不上标准，却也能够随意地和内地人士搭腔交谈的“官腔”。拿香港来说，回归十多年来，前后两位特首董建华和曾荫权都大力倡导实施“三语两文”，而且身体力行，认真学好“三语”中回归前基本不用的普通话。拿曾特首来说，这些年来，他的普通话日见进步，而特区政府一众高官，在特首的带动下，说普通话也已相当自然，不再望而生畏了。

说起学习普通话，从小说着粤、闽（潮汕）、客家等方言的广东人，一直被视为学习难度较大、学习态度也欠佳的人群。因而也就有了“天不怕、地不怕，就怕广东人说官话”的顺口溜。说广东人学普通话难度较大，确是事实。广东人，包括大多数源自广东的港、澳同胞，平常说惯的方言确实比较复杂，跟普通话的差别也确实比较大。但要说广东人学普通话不积极，甚至有人还说广东人就是不肯学，很“顽固”，这倒有点夸张，言过其实了。远的不说，打从改革开放以来，广东各地随着经济发展和社会进步的持续升温，南北交流的日益频繁，“推普”的步子也日渐加快，近期普通话在广东城乡的普及率已大为提高。至少省内城乡各地的中小学教学用语，已大都是普通话了。至于“窗口行业”的从业人员，也基本上都能用普通话来接待顾客了。当前广东社会语言交际方面，尽管普通话能达到标准要求的人还不是很多，但能以普通话相互沟通的人无疑已是社会上的大多数了。换句话说，时至今日，在以方言复杂著称的广东省，普通话的使用率和覆盖面都已大大提升，昔日“天不怕、地不怕……”的时代应该说是一去不复返了。

其实，推广普通话这一国策并非始自1949年诞生的新中国。早在民国之初，有识之士就发起了“国语运动”。五四运动提倡写白话文，这是书面语的一场大革新；而与之相应的，在口语的应用上就有了“国语运动”。白话文和国语正是书面语和口语相辅相成的两个方面。可以说，半个世纪以来所推行的普通话，正是早年所推行的“国语运动”的继续发展，两者是一脉相承的。20世纪50年代开始，正当内地开始大张旗鼓“推普”之际，在台湾宝岛上，同样也如火如荼地继续着当年的“国语运动”。一个发达的国家，一个先进的民族，不能没有一种全社会共同使用的通用交际语，这是人同此心、心同此理的事。海峡两岸都是龙的传人，在这一点上，自然是有共识的。国语也好，普通话也好，说到底，它是代表全球炎黄子孙的通用语言，既存在于海峡两岸同胞之间，也通行于全球各地华人社区之间，更被确认为联合国六大工作语言之一。可见，这一语言文字应用上的国策是完全适应当今社会的发展的，也必然是顺人心、得民意的。然而，在“推普”的过程中，偶尔我们也会听到一些“杂音”，有人以为推广普通话（国语）是要使各地方言从此退出社会语言交际的舞台，在人们的语言生活中销声匿迹。这真是天大的误会！有这种误会的人，主要是因为对社会通用语与地方方言之间的关系缺乏足够的认识，误以为普通话（国语）和方言是相互对立、此消彼长的关系。实际上，普通话也是在一种方言——北方方言的基础上发展起来的。发展成为民族共同语后，普通话和其他方言仍然是兄弟姐妹的关系，只不过作为“老大”，它既在方言之中，又在方言之上罢了。能正确理解普通话和方言之间的这种关系，也就会明白它们并非“对头冤家”，而是完全可以并存并用、相互补充的。

推广普通话（国语）从来就没有让方言在社会中消失的意思。我国“推普”的政策，实质上是想通过在全民中推行作为全社会通用语言的普通话使原来只会说本地方言的人多学会一种全社会共同使用的交际语，从而使自己从单一的方言生活过渡到“方言+普通话”的双语生活；并进一步使普通话成为社会上主要的公共交际用语，包括学校教学用语、公务接触用语、传媒宣传用语和来自不同方言地区人们之间的沟通用语等，亦即所谓的“四种用语”。与此同时，让方言退居为乡亲之间的沟通用语和家庭用语。换句话说，就是要推广一种（普通话），保留多种（方言）；要并存并用，有主有从，各司其职。一旦达到既大力普及了普通话，又充分发挥了方言的作用，“推普”就堪称成功了。要做到在大力推广普通话的同时，仍然充分发挥方言的作用，我认为非对方言的作用有深刻的认识不可。而其中最关键的一点就是要正确理解方言与文化密不可分的关系。

众所周知，语言是文化的载体，而地域方言当然也就是地域文化的载体了。离开了粤语这个方言载体，哪有什么粤曲、粤剧可言？同样的道理，要承传、发展远近驰名的客家山歌这一客家文化的优秀代表，又怎能离得开客家方言？毋庸置疑，通行于不同地域的地方方言总能够最有效地反映出地域文化中异彩纷呈的种种特色。大凡民俗风情、历史文物、自然景观、民歌民谣、工艺美术乃至饮食起居、婚丧礼仪，莫不以独具一格的地方方言栩栩如生地呈现出来。一首千古吟诵的“少小离家老大回，乡音无改鬓毛衰”道出了乡音的无限情感魅力；一个浪迹天涯、久别乡井的游子，偶尔在异国他乡邂逅素昧平生然而乡音无改的乡亲，那种喜悦、亲切、激动之情始终是使用国家通用语言——普通话所难以表达的。记得十年前笔者作客星洲，有份宗亲会馆的刊物——《源》上门约稿，我就写了一篇《留住方言留住根》的小文，编辑部在发表时专门附上一幅刊头画，画的是一棵枝叶茂盛、须根满地的大榕树，衬托出“根”的主题来。要说千百年来我们的老祖宗在我们身上留下了什么印记的话，我想，代代相传而难以泯灭的正是挂在我们嘴上的方言乡音。当我们把各地的方言乡音和千百年来绵延不断的文化长河联系起来时，我们自然就会深深感受到方言的魅力，也自然会明白为什么要推广普通话却不能抛弃方言。普通话和方言将始终在我们的社会语言生活中相伴而存，在普通话不断得到普及的形势下，方言也将永远在它所通行的范围内充分发挥其无可替代的作用。

总之，在大力推广全国性的社会通用语时，也一定要注意继续发挥各地方言的作用。在我国全国语言运用的总格局中，让普通话唱“主角”而让各地方言，特别是像粤语这样的“强势方言”发挥“配角”的作用，无疑是当今我国社会语言应用中不可逆转的走向。近期国家十分重视拯救濒危语言及方言的工作，对一些因各种原因导致社会上应用的人很少、面临消失之虞的语言及方言，现正组织专业力量加紧调查研究，把珍贵的语言数据抢救下来。由此可见，方言是多么可贵的语言资源。“推普”的发展绝不会导致方言轻易丧失它的作用，这一点是完全可以放心的。

繁体字和简体字

这个题目我想也许读者会倍感兴趣。当今在我们生活中须臾不能离开的语言文字，存在着一些常常牵动我们的脑神经、迫使我们非着力思考不可的问题。其中，较为敏感的一件事，就是我们在读书写字中遇到的繁体与简体问题了。得益于科技的进步，如今计算机中有了繁简体字可以自动转换的设置，解除了使用计算机打字写作时的诸多不便，让我这个时而要用简体、时而要用繁体的笔耕老农也减少了打字为文时的不少烦恼。

说此事牵动人心，最具体的例子莫过于连续两年在举世瞩目的全国“两会”期间都有政协委员郑重其事地提出“恢复繁体字”的问题：2008 年宋祖英、郁钧剑、黄宏、关牧村等 21

位文艺界的委员向大会提交了在小学恢复繁体字教育的提案，而2009年潘庆林委员更是提交了一份关于分批停用简体字、恢复繁体字的提案，产生了强烈的社会反响，以至引发某些网站为此组织网上的专题对话，不同意见的争辩迅速在千百万网民中传播。笔者对这件事的第一反应是，我们毕生从事的语言文字工作，正日益受到社会各界人士的关注，再也不仅仅是少数语言专业人士关在书房里苦苦钻研、坐而论道的学问了，这该是一件多么令人鼓舞的事！

回想此前笔者也曾连续三届参加全国“两会”参政议政。那时我们与会的几位语言学界代表委员，如王均、许嘉璐、邢福义、徐思益、刘焕辉、林茂灿等，每每想到社会语言文字工作中的一些问题，会议期间就会聚在一起议论一番，并共同起草相关提案。而国家语委的领导也十分重视此事，总会在会议期间设法会见代表委员，直接听取我们的意见。记得在每次提出的提案中，关于为语言文字立法的问题及关于加强国家语言文字工作的问题始终是我们关注的热点。经过多年的努力，语言文字立法的问题终于在21世纪初以《中华人民共和国通用语言文字法》的完成公布而得到实现，结束了我国社会语言文字应用无法可依的历史，从此可以依法办事了。

近期议论纷纷的繁体与简体问题，焦点集中在要不要取消简体字上。我们不妨回头看看半个多世纪以来实行汉字简化的情况：从1956年国务院公布《汉字简化方案》，1964年公布《简化字总表》以来，半个世纪中《汉字简化方案》一直在各级学校教育、文化科技事业、各级行政管理部门乃至社会生活的方方面面都得到广泛的应用，并成为联合国采用、国际公认的中国法定文字。无数事实说明，半个多世纪以来，汉字简化在我国社会发展中，特别是在扫除文盲、普及教育中发挥了无可争议的作用。一个初进小学的儿童，打开课本第一课是“開學了”这三个字，该有多少笔画？现在改为“开学了”，又该省去多少笔画？孰难孰易，不是很明显吗？对一部分汉字进行简化，无非是为了减轻学习汉字的负担，让汉字能更方便地为更多人掌握，这实际上是促使汉字在社会上能更广泛地传播、更迅速地普及，这有什么不好呢？

众所周知，语言是发展的，记录语言的文字也是发展的。汉字发展迄今已有五千年以上的历史，近期中央电视台多次播放的八集电视片《汉字五千年》，就生动地反映出汉字发展的历史进程。从早期的甲骨文到今天的通用汉字，期间发生过多少变化！时而笔画有所增加，如金文相对于甲骨文；时而笔画有所简化，如小篆相对于金文；一直到了楷书时代，才基本上稳定下来。在汉字演变过程中，繁简互补是总的现象，但随着使用文字的人越来越多，人们的心态往往是趋向于简化一些，方便掌握一些，历来都存在一些简笔字和手写俗字，如两人为“從”（从）、三人为“衆”（众），这样的简化并非始于现代，而是早已有之的。今天我们推行的简化字中，不少正是来自古已有之的简笔字和民间通行的俗字，就连如今常常受到非议的以“刘”代“劉”、以“后”代“後”等现象，也早在古代就存在了。在制定简化字时，我们应充分考虑吸收已在民间流传的简化字，并体现出语言文字约定俗成和确立语言文字规范宜乎从今从众的原则。这无疑既顺应社会发展的需要，也没有背离汉字发展演变的规律。

诚然，在简化过程中，有个别字考虑欠周，没能很好体现简化汉字简易性和区别性相结合的精神，这当然是值得商榷的，也是完全可以通过一定的程序加以适当修订的。例如，大家常提到的“一字多用”问题，拿简化字“干”、“后”来代替几个原意不相同的同音字，难免带来使用上的混乱。“同音代替”范围过大，确是一个问题。但瑕不掩瑜，这毕竟只是局部的现象，抓住个别瑕疵而全盘否定简化字的作用，就不是实事求是的态度了。汉字千百年来承载着灿烂辉煌的中华文化，对汉字的任何一种改革，哪怕是局部的简化，都是绝不能损害到中华优秀文化的传承和发展的。我们完全理解反对简化汉字者担心汉字简化会有损中华文化传承的心情，因为几千年来代代相传的灿烂文化都是通过传统的汉字传承下来的。问题在于，没有实行简化以前的传统汉字能够很好地传承历史文化，难道给传统汉字做了一点改革，简化了其中的一部分汉字，传统文化的传承就马上会面临灭顶之灾？所谓“繁体字传承传统文化，简化字破坏文化传承”的说法，对汉字简化所带来的破坏性的描述，未免太夸张了！我们必须明白，文化的传承跟承载文化的语言文字之间并不存在固定的相配关系。用古老文字传承下来的传统文化，同样可以用发展了的现代文字来传承。传统文化可以用直接读懂古书的方式来传承，也可以通过专家的研究和诠释乃至转译为现代语文的方式来让更多的人间接认识和传承。

对于我国优秀的传统文化，为了让它普及到千百万普通人民中去，形成精神的力量，为提高民族的素质作贡献，长期以来许多对国学深有研究的学者，在提高和普及相结合上进行了大量卓有成效的工作，他们自身是直接的传承；而广大人民群众，受文化程度的限制，包括受未能熟练运用传统汉字的限制，不是也同样可以通过间接的方式来掌握优秀的传统文化，传承并弘扬这些传统文化吗？更何况繁体字与简体字之间只不过是字体繁简的差异，并非完全风马牛不相及的两套文字，是不存在难以逾越的鸿沟的。目前已简化的汉字，不算偏旁类推的话只有五百多个，使用简化字的人实际上还同时在大量使用未经简化的繁体字，使用简化字的人和不使用简化字的人，彼此文字上互相适应的难度并不像主张取消简体字的人所想象的那么大。因此，我想既然简体字已经推行了几十年，已经深入人心，也已经作为国家语文政策的一部分立了法，大可顺其自然，就算存在不够完善之处，尽可斟酌修改，使之更加完善，完全没有必要大动干戈，把它完全推倒，再走回全部沿用繁体汉字的老路了。

当前我们完全可以让繁体字和简体字并存下去，在全球华人世界的汉字应用中来一个和谐共处，繁简由之。同时，我们也要提倡相互适应，相互补充。用惯简体字的人有空学学自己生疏的繁体字，争取“识繁用简”；而用惯繁体字的人也不妨抽点时间认识已经简化了的简体汉字，做到“识简用繁”。这样一来，繁体与简体的争议也就自然会偃旗息鼓了。2009 年 8 月，新编的《通用规范汉字表》向社会公开征求意见，这个汉字用字的规范收了八千多个汉字，是经过专家们多年的研究整理，在 1988 年的《现代汉语常用字表》和《现代汉语通用字表》的基础上修订而成的。我们相信，其中修订的部分，一定是广泛听取各方意见后斟酌定夺的。我认为，规范化应该是我们当前考虑汉字应用的重点，简体也好，繁体也好，一定要从规范的角度来认识。国家已经正式公布的简化字属于今天的规范汉字之列，要承认其法定地位。没有经过国家正式认定的简化字就不是规范汉字，而大量未经简化的汉字，不论其字体多复杂，都属于规范汉字。换句话说，在使用的汉字中，大部分没有简化的字，不存在简体与繁体之分，是全球各地华人共同认同的规范汉字。

让我们大家都来提倡使用规范汉字，对规范汉字中那一部分繁简有别的字，就互相尊重，繁简由之吧！我这个看法也许有人觉得是在和稀泥，但我认为这是当前最切实可行的办法，既不会影响繁简汉字各自充分发挥作用，也不会影响中华传统文化的传承。

浅谈粤语正音

世界上任何一种语言都是有声的。语言的声音是语言的物质外壳，也是构成语言的必不可少的三要素之一。三要素指的是语音、词汇和语法。任何一种语言，哪怕是流通范围很窄、使用人口很少的语言，只要能够充当社会交际工具，自然就都是集语音、词汇、语法三者于一体的，否则就不能称其为语言了。汉语的民族共同语——普通话固然是语音、词汇、语法齐备的发达的语言；各种地域性的交际工具——汉语诸方言，包括像粤语这样使用人口好几千万的“强势方言”和一些使用人口较少只在狭窄的范围内通行的“弱势方言”，同样也都是具备语音、词汇、语法三大要素的完整的语言。要认识一种语言或方言，要学习一种语言或方言，要研究一种语言或方言，自然应该从启蒙阶段就接触这种语言或方言的三大要素，而首当其冲的无疑就是语音这个“物质外壳”了。因此，学习语言（方言），必然是首先从语音入手，先掌握好它的语音，再一步一步地从易到难、从简单到复杂，进而达到全面掌握语音、词汇及语法的目的。

语言（方言）发音的正确性在语言（方言）学习中处于十分重要的位置。语文教学首先要求老师在课堂上把每一个字、每一个词的音都念准。用普通话教语文，要求老师的普通话语音水平达到国家规定的等级标准，不够格的得设法培训补课，不能马虎。香港特区长期以来以粤语为母语，教学语言除英语外，基本上就是粤语了。在这一前提下，如果说内地的学校要求老师能用比较标准的普通话进行教学的话，对于“一国两制”下使用粤语作为教学语言的香港老师来说，理所当然地就应该把粤语的标准音掌握好，让学生在运用粤语时有所遵循。这样一来，粤语正音问题自然就摆到香港中国语文课的重要地位上来了。何止是语文课需要讲究正音，社会上凡是跟语言打交道的各行各业人群，同样也需要讲究语音应用的准确性。拿影视广播的从业人员来说，他们口中的语音往往被视为具有权威性、可供效仿的榜样，一旦我们的播音员、节目主持人把某字或某词的音念错了，对于整个社会语言的应用来说，难免会产生不良的影响。因此，对于身处粤语语言环境中的影视广播从业人员来说，粤语的正音也就如同学校里教学中国语文科的老师一样，同样显得十分重要，可说是“非同小可”了。

一段时期以来，香港在粤语的应用中出现了某些音读上的差异，以至引发出一些关于粤语正音问题的争议。作为学术上的问题，对某些字、词的正确读法存在不同的意见，由此而展开争鸣，这完全是正常的事，是学术民主开放意识的反映。通过争鸣必然会促进粤语正音研究的健康发展。但对于粤语应用者来说，特别是对于每天要用粤语朗读课文的学校师生来说，遇到某些读音上的分歧现象，难免会心急如焚，巴不得尽快获得共识，出现一个具有权威性的标准读音以供遵循。

笔者此前曾联合粤、港、澳多位粤语学者组成广州话审音委员会，后又在历时多载审音的基础上主持编撰出版了《广州话正音字典》。这次当香港为粤语正音问题闹得沸沸扬扬之际，也接到过不少社会人士的电话，征询我们对这个问题的看法，希望我们也能就此发表意见。说实在的，粤语正音问题牵涉面并不广，大家争来争去其实就那么小部分字的不同读音，绝大多数常用字的粤音并不存在分歧。我们当年审音工作之所以旷日持久，一方面是因为参与此事的学者本职工作都很忙，不可能集中时间和精力来一气呵成地从事这一工作；另一方面是因为我们总想多参考一些文献数据，花在逐字抄录几本常用相关字词典的注音、制成一张张卡片时的时间实在太长。我们通过逐字制作卡片了解到在不同工具书中粤语读音存在的分歧实在很有限，也就把精力主要放到如何给这部分字斟酌厘定一个尽量使大家都能接受、都能满意的读音上来。经过反复讨论，我们一致认为，在确定每一个字的正确读音时，除了充分考虑汉语语音发展的历史规律、紧密联系反映古代语音系统的韵书反切以外，同时也得充分尊重现实的读音情况，因为语言始终是发展的，现代的读音固然跟古代的读音有一定的继承关系，但也不排除出现由于语言的发展而导致今音的实际读法与古音格格不入甚至大相径庭的情况。

粤语是保留较多的以《广韵》音系为代表的中古时期语音现象的，行内不是有人打趣说“广韵广韵，广东韵也”吗？尽管粤语音读存在着较多与《广韵》反切吻合的地方，但粤语毕竟是发展中的一种方言，在发展中受到各种内部、外部因素的影响，甚至还可能受到某些偶然因素的制约，从而使得现在通行的个别读音有可能完全背离了《广韵》的反切。面对这一类情况，我们在审订粤语今读时，也就不能不考虑在参照古音反切的同时，也贯彻“今音从今”、“从今从众”的原则了。语言文字是约定俗成的产物，这是语言学中最基本的道理，适用于任何一种语言，也包括地方方言。我们在厘定现代粤语正音上的态度，正是充分尊重“约定俗成”原则的体现。举一个人们常提到的“积非成是”的例子：“纠正”的“纠”字，按理应该读如“九”音，但不知什么时候开始，由于内地说粤语的一些人把这个字的右偏旁“丩”错写为“斗”，在社会上广为流行，并循着“有边读边”的错误类推，又把这个“纠”字误读为“斗”音。这当然是不足为法的错写导致错读的例子，但已经约定俗成，我们不得不承认这是个积非成是的俗读了。我们在编写《广州话正音字典》时，面对这一事实，就把这个“斗”音作为正读以外的俗读“又音”来对待。香港人说粤语，我们并未发现有这一在内地粤语区已成习惯的俗读，如果我们编的是专以香港读者为对象的粤语字典，我想就不一定要把“纠”的这一俗读摆进去了。从这个例子可以看出，我们在粤语正音中，既要把握语音发展的历史继承性，又不能对已在群众中广为流行的俗读熟视无睹，而必须采取两者兼顾的做法。如果现代的普遍读音跟古代反切已失去联系，我们就只能以“从今从众”的态度来对待今音的厘定了。

当前出现在香港的有关粤语正音问题的争议，实际上就牵涉到是否在重视历史继承性的同时，也认真贯彻今读“从今从众”原则的问题。争议的焦点是一方认为应该“从切”，确立现今正确音读基本上以是否符合《广韵》等韵书的反切为依据，可称为“从切”派；另一方则不赞成今音读法概以古韵书的反切为依据，不考虑或少考虑当今粤语使用者的实际读法，强调今读应首先面对当今社会上的普遍读法，贯彻“从今从众”的原则，古韵书上的反切只作为定音时必不可少的参考，但不作为唯一的依据，这可称为“从今从众”派。举例来说，“反”字在“相反”、“反对”等义中读同“返”音，跟《广韵》的“府远切”是相符的；但在“反切”、“平反”中的“反”字，有些主张“从切”的人却认为应读同“翻”音，因为它符合《广韵》中此字另一个反切“孚袁切”，这样一来，一个“反”字就有了“返”、“翻”两个读音。事实上，现代说粤语的人，是不会把“反切”念成“翻切”的。因此，在给现代人使用的粤语正音字典中，我们就赞成从今从众，干脆舍弃“翻”音，让“反”字在“反切”中也照读“返”音。其实，现代人对传统汉字的读音从来就不拘泥于古代的读法。

学校语文课本中选入一些体现传统优秀文化的古代作品，如果有哪个地方、哪个学校要求老师和学生用上古时期的语音来读《诗经》，用隋唐音韵来背诵唐诗，岂不叫人笑破肚皮！今人用今音，现代香港人用现代粤音，这是天经地义的事。强求人们把不符合古音反切的粤音“改正”过来，有什么必要呢？

最后，我还想再说几句：学术界对某些字粤读正音问题的意见分歧，是学术发展的正常现象，不值得大惊小怪。我建议特区政府仿效中央当年组织普通话异读词审音委员会的做法，在适当的机构中（如语言教育及研究常务委员会）附设一个审订粤语正音的专家委员会，集合一批不同见解的专家开展调查研究，了解粤语中读音分歧的确切情况，把“从切”和“从今”结合起来，认真切磋研究，作出合情合理的抉择，然后由政府加以认可发布。这样审订下来的粤读正音，权威性和科学性就会有保证，也必然会受到广大粤语使用者的欢迎。

语言应用的规范化和多元化

语言是人类社会的产物。语言随社会的产生而产生，随社会的发展而发展。语言离不开社会，社会也离不开语言。作为社会交际的工具和传递信息、承载文化的工具，任何一种语言对社会的发展与进步都产生着积极的推动作用。

语言在应用中经常会遇到需要进行规范的问题。语音需要规范，词汇需要规范，语法也需要规范。就我们的汉语来说，它的书面形式是表意的汉字。历史悠久的古老汉字，由于它形体、结构的复杂性和多样性，使它在发展过程中也带来了拼音文字基本上不存在的、需要不时进行规范的问题。从古文字发展到今天通行的现代汉字，汉字经历了许多演变和规范的历程。秦始皇统一文字，就是一次强有力的文字规范化举措。现代汉字由繁趋简，也是适应现代社会发展的一种规范化行为。可见，对于现代汉语来说，规范化实际上涵盖了对汉语语音、词汇、语法及其文字等进行规范的内容。一般认为，越是发达的语言，规范化的程度就应该越高。人们往往把语言的规范看作是一个民族、一个国家文明水平的标志之一。一种具有明确规范、能够充分发挥社会功能的语言，被看作是民族意识增强、民族文化高涨的重要体现。汉语是世界上使用人口最多的、历史悠久的高度发达语言，它的规范化尤为重要，必然深受海内外汉语使用者的关注。近半个多世纪以来，打从新中国成立起，汉语规范化工作就一直受到高度的重视，被看作是国家语言文字工作中的头等大事，大力开展各项围绕汉语规范化、为汉语规范化服务的工作，成为语言文字专业人士责无旁贷的光荣任务。有两个最明显的例子：

一是在20世纪50年代后期组织起中国科学院语言研究所一批专家编纂为词汇规范化服务的《现代汉语词典》。这部词典出版几十年来一直跟进汉语词汇发展的情况，不断进行动态的规范工作，在每一个新版本中反映出词汇规范化的新成果。因此，它所收录的语词以及对这些语词的注音、释义等，一直都被公认为最具规范性及权威性。

二是60年代开始组织起一批学养很深的语言学家对现代汉语中存在异读的词进行研究审订，最终完成了前后三批的审音工作，由国家职能部门公布实行，使汉语异读词的音读有了明确的规范。几十年来，随着社会的发展和汉语的发展，特别是汉语在海外的应用不断扩大，汉语的规范化难免出现新的情况，产生新的问题。不断跟进语言发展的新动向，正确处理语言规范与语言应用之间的种种关系，迄今仍然是我国语言文字工作中的重要课题。总之，语言规范化是动态的。应该在语言发展中随时注意进行规范，又把规范的成果用来推动语言的健康发展。

语言规范化既指语言本身的规范而言，如前面所说的汉语的规范化；另一方面，在人们的语言实践中，就语言的社会应用而言，语言规范化的提法又常常伴随着语言的多元化来说。

其实，这时候所指的“规范化”，相对于“多元化”，就是“单一化”的意思。值得注意的是，语言应用的多元化在现代社会中早已是相当普遍的现象。一个国家、一个地区，甚至一个家庭，存在着多种语言（方言）并存并用，人们的语言生活多彩多姿，这已是司空见惯的事情。笔者从年轻的时候开始，就习惯多种方言并用的语言环境：跟父亲说客家话，跟母亲说潮州话，跟同学及社会人士说广州话，近几十年又多了说普通话的机会，实际上也就是经常四语并用了。在世界各地，语言应用的多元化格局主要表现为几种不同的形式：或双语并用、多语并用，典型的例子如瑞士、新加坡等；或双方言、多方言并用，如我国南方某些方言杂处的地区；或社会共同语与地方方言并用，我国在大力推广普通话的情况下，一些方言势力较大的地区过去是、现在是、将来也将仍然是这样的语言应用格局。

香港的情况比较特殊：它的语言应用多元化格局如今是大家都很熟悉的“三语两文”。“三语”就口语而言，口头上语言的交际以本地方言粤语为主而同时兼用全国通用的普通话和英语。“两文”就书面语而言，指中文和英文。一般来说，同一个社会中，人们视不同的环境使用不同的语言或方言进行沟通，这种语言生活的多元化反映出社会生活的多彩多姿，并不会妨碍社会的进步与发展。可是，在语言应用多元化的社会中，得结合语言应用的实际情况，给同时存在的每一个语言及方言以恰当的定位，处理好它们之间的关系，这样才可能在多语应用的社会中构建起不同语言和谐相处、各司其职的语言应用平台。否则，如果共处并用的不同语言没有处理好彼此之间的关系，就有可能以语言问题为导火线而激化社会的矛盾，甚至酿成流血事件，南亚大陆一些国家，就曾不止一次地发生过因语言问题而爆发流血冲突的惨痛教训。实际上，只要面对现实，定位恰当，各就各位，多元化语言应用中的不同语言（方言），就完全可以在合理的语言格局中各司其职，发挥各自的功能，对当地的政治稳定、经济繁荣和社会进步产生积极的促进作用。香港回归以后实行的“三语两文”政策，堪称是语言应用多元化的良好范例。

众所周知，瑞士这个经济发达、现代化水平很高的欧洲小国，同时使用着几种不同的语言，而法语和德语则是政府规定的官方语言，两者都具有“国语”的身份。加拿大的主要通用语是英语，但魁北克省却明文规定以法语为官方语言，被称为“法语省”。至于新加坡，这个以华人（华族）为主体的小小岛国，出于历史和政治上的考虑，英国人、马来人和印度人也是新加坡社会的成员，所以在独立时就宣布上述四种语言并存而又以英语作为工作语言及对外的官方用语。在语言应用多元化的格局中，各种语言（方言）的定位是各自不同的。

拿我们的汉民族共同语——普通话来说，在内地，尽管也存在共同语和方言共处并用的语言多元化局面，而共同语——普通话始终是作为多语（方言）中的主导语言受到政府的大力推广，其他地方方言，不论“势力”有多大，始终只能从属于全民共同使用的普通话。同样是普通话，到了香港特区，尽管特区政府也在不断加大推广普通话的力度，但由于香港特殊的社会历史背景，普通话的通行范围与使用频率始终无法赶上粤语，在三语并用的香港生活语言环境中，起主导作用的社会用语迄今仍是粤语而不是普通话。

语言规范化跟语言的应用息息相关。规范是为应用服务的，不是为规范而规范。我们必须明确：在多元化语言格局中占有一席之位的各种语言和方言，都是应用中的语言，都有必要面对本身的规范化问题，考虑采取必要的规范手段。拿粤语来说，它的规范化问题绝不比普通话少。正音、用字乃至词语应用上的规范，都有大量的工作可做。就看那数以百计的本地独创的方言用字，写到书面上可以说是五花八门，令人咋舌，是不是有适当规范的必要呢？香港人说中国话，总爱夹杂一些“洋话”，这该不该有所收敛、有所遏制？这类“语码夹杂”的现象是社会文化的反映，已经习惯成自然，我看不能一概抹杀，但到底可以有多大的容忍度？这确有研究的必要。粤语的规范化还跟民族共同语的规范密切联系。香港学生的语文作业是规定要用白话文写的，自然也就不能不用合乎白话文规范的现代书面语来表达了。这就难免会给平时说惯粤语并无时不受书面化粤语影响的香港学生带来一些困难。但无论如何，语言规范化的精神是使用任何语言时都不能不贯彻的。语言应用多元化既给我们的语言生活带来多彩多姿的乐趣，也提醒我们必须多多关注语言应用中的规范问题。语言规范化的宗旨始终是要使我们的语言有明确的规范，从而使之能够更充分地发挥作用，使之能达致语言表达的最佳效果。语言使用者要持维护语言规范化的态度，但也希望语言规范不至于成为束缚语言使用者的绳索，让语言使用者有动辄得咎之虞。

我们认为，在厘定语言规范时，有必要多作调查研究，多观察语言发展的趋势，遇到分歧的现象，不妨多保留一点宽容度，等一等、瞧一瞧，别忙于下结论。例如，汉语中“堵车”一词，南方人说普通话时会说成“塞车”，这两个词我看应该都不算错，有人却硬要指责说“塞车”不符合规范，这就未免太苛刻了。我是赞成“规范中有所灵活”的说法的。怎么个灵活法，这里说不清楚，留待以后再来讨论吧！

少当语言警察　多做语言导游

此前我在谈及语言应用的规范化和多元化的问题时，限于篇幅，未能进一步展开来谈。这里想从规范与应用的关系切入，再略抒个人的管见。

首先要强调的是：语言规范的目的归根结底总是要为语言的应用服务的。既然如此，语言规范就必须始终贯彻“从应用中来，到应用中去”的原则，体现出“源自实践，服务实践”的精神。如果参与研究厘定语言规范的专家学者，不多多了解社会语言应用的实际情况，只管关起门来“闭门造车”，想当然地制定出一条条的“规则”来要大家遵守，那不但不受欢迎，还可能让人们误以为语言规范是束缚人们语言应用的绳索，岂不是弄巧成拙，徒劳无功?

规范要从应用中来，就得作深入的调查研究，了解语言在社会应用中存在哪些有碍很好发挥其功能的现象，非进行适当的引导和必要的规范不可。一句话，必须有的放矢，不能脱离实际，更不能无中生有。拿早年取得显著成果的普通话语音规范来说，当年聚拢到普通话审音委员会来的一批著名语言学家，他们首先得通过调查研究，确定哪些语音现象需要规范，哪些可以不考虑规范，做到心中有数，然后再来斟酌定夺。因为要规范的是普通话的读音而不包括未进入普通话的北京土音，因此当年就把普通话审音的范围明确限定在“普通话异读词”这个范围内，最终在20世纪60年代先后审订公布了三批《普通话异读词审音表》。此后这一审音的成果就作为现代汉语正音的重要依据，几十年来出版的各种现代汉语工具书，遇到音读上有歧异时，只要是三批异读词审音表中有的，就有了权威的标准，不必再为举棋不定而发愁了。

语音的规范是如此，词汇、语法乃至文字的规范也是如此。既然我们的粤语会跟民族共同语——普通话长期共存下去，它在长期使用中也难免会出现这样那样有碍其很好发挥语言功能的现象，那么，我们也就有必要遵循“从应用中来，到应用中去”的原则，认真研究粤语的规范问题了。近期大家关注粤语音读中出现歧异的现象，提出需要进行正音，说明粤语语音的规范正深受社会瞩目。其实粤语的规范问题并不只是少数字音读上的歧异，在语言整体的运用上，如何看待“新潮语”的不断涌现，如何面对“语码夹杂”的语言现象？还有，对于那许多近似“黑话”的网上用语该如何对待？这些都是摆在语文工作者面前的问题，需要调查研究，需要认真剖析，回到我们在前面提到的看法，规范工作牵动面很广，粤语中存在的规范问题，同样绝非几个专家学者关起门来冥思苦想、引经据典、闭门造车能够满意地解决的。归根结底，还是得从“从应用中来，到应用中去”这一指导思想入手，牢牢把握语言社会应用的实际。任何偏离语言应用实际的想法，终究达不到应有的良好效果。再回过头来看看现代汉语词汇的规范问题，几十年来随着社会的急剧发展，海内外交流的日益频繁，现代汉语中反映现实生活的新词新语不断涌现，可谓日新月异。这给专注语言规范问题的语文工作者带来了极大的挑战。据我所知，时刻跟进新词语的出现和走向的《现代汉语词典》编纂者们，他们经常面对眼花缭乱的新词新语，首先考虑的是及时通过大量报刊收集素材、了解事实。20 世纪 90 年代以来，坊间不断有新词新语的辞书出现，而每年一册名为“××××年新词语”的小册子更是接连不断地出版，可见新词语的问题多么牵动人心！跟进应用中的新词新语只不过是第一步，从语言规范化的需要出发，如何对这些层出不穷的新词语进行分析整理，提出规范化的意见来，这后续的工作还多着呢！

随着语言的不断发展和语言应用的日益多样化，语言和方言在应用中不断出现新的情况，产生新的问题。同样是汉语，半个世纪前人们面对的规范问题和五十年后的今天所面对的规范问题就很不一样。而作为全民使用、国家推广的社会通用语——普通话，相对于作为地域性社会交际语的方言，它们所面对的规范问题又各有差异或各有侧重。在语言多元化特色十分显著的香港特别行政区，它所面对的语言文字规范问题既不同于全民使用的民族共同语——普通话的规范问题，也不同于同样通行粤方言的两广粤语地区的规范问题。对此我们就更要强调结合实际、强调从应用中来，我们必须着力研究解决香港在语文应用中出现的一些涉及规范的、具有特色的课题。比如由于粤语“入文”现象的普遍性，带来了港人笔下词汇和语法都跟现代汉语的书面语——白话文颇有差别，使学生写作容易出错的问题，我看就应该从规范的角度做些引导的工作，以保证学生语文水准的逐年提升。又如香港粤语应用中夹杂英语的“语码夹杂”问题，比起内地来就显得更为突出。该不该进行规范，使之有所遏制？这一工作是很不容易做的。在一个高度自由的社会里，我觉得香港特区政府似乎还没有意识到语言文字的社会应用要有适当的规范措施。现在提出这个问题来，也许会感到突然而不知如何应对呢！其实作为一个拥有发达经济和进步社会的地区，语言文字的应用问题是理应引起关注和受到重视的。为了更好地推动本地区的经济发展和文教科技事业的进步，是应该高度重视语言文字的应用的。只有时刻关注语言文字应用的情况，才有可能触及规范的问题，也才能考虑为此采取必要的政策措施，有针对性地逐步加以引导解决。

在一般情况下，对语言或方言进行规范，会涉及一些重要的关系，一定得认真对待，把它处理好。例如对语言规范化与语言应用多彩多姿的关系及与“新潮语”的关系，就应该慎重对待，不可轻率处理。当今使用范围较广的语言或方言，莫不以多彩多姿的面目出现，面对异彩纷呈的语言表达方式，我们的语言规范工作一定要冷静对待，既不要在多彩多姿的语言现象面前眼花缭乱，无所适从；更不要动辄看不顺眼，评头品足。千万不能令人感到语言规范必然会束缚语言运用的多彩多姿，引发语言使用者对语言规范产生抵触情绪。在香港这个特定的语言环境下，对于学生笔下出现的“新潮语”以及所谓“语码夹杂”现象，也一定要多做收集、分析的工作而别忙于说三道四，指手画脚，“拨乱反正”。须知语言规范的工作永远都只能滞后而绝不能超前。语言应用者是不会等待有了明确的规范才来运用语言的。一个新出现的语言现象，开始许多人看不惯，难以认同，但假以时日，用得多了，习惯成自然，或许就没有人看不惯了。这样的例子比比皆是。我在十多年前曾经为一些大厦称为“广场”而在香港的刊物上发过议论，认为用词欠妥；然而如今不但香港有很多成为“广场”的大厦，内地许多大小城市也陆续出现冠以“广场”的大厦了。既然已经见惯不怪，也就只好认同了。实际上现在是“广场”一词的义项增加了。此事对我可说是一次教训，语言规范得多等等、多看看，别忙于下断言。对此我曾在一篇文章里有感而言：“少当语言的警察，多做语言的导游。”后来常有同道朋友在自己的文章里引用我这句话，说明认同我对语言规范问题的看法。现在就不妨把它作为这篇小文的题目，以加深读者的印象吧。

“约定俗成”解

当今人类使用着数以千计的语言，但使用人口较多、在世界上有一定影响的语言大概只有几十种。每种语言自然都有其自身与众不同的语音、词汇、语法。但由于许许多多的语言可以按其历史渊源和现实表现分别归纳为若干不同的类型，属于不同类型的语言一般又可按照语系—语族—语支等来进一步确定它们的系属。这样一来，数以千计的语言就都各就各位，分别有了各自的归属。例如，汉语就属于汉藏语系下相当于“语族”地位的语言。广西壮族自治区的壮语是汉藏语系下壮侗语族中壮傣语支的一种语言。再有本事的语言学者都不可能掌握世界上形形色色的不同语言，但语言学家们在普通语言学的研究中，却都能够把各种不同类型语言的大致面貌、主要特点概括性地揭示出来。与此同时，在综观各种不同语言的基础上，也能归纳出语言中某些带有普遍性的规律。事实上，作为人类交际工具的语言，除了各自拥有的特性外，总还是有着某些共同的东西，即所谓的“共性”和“通规”。比方说，语言随社会的产生而产生，随社会的发展而发展，这就是一条任何语言都无法摆脱的“通规”。正是由于客观上存在这一“通规”，才决定了语言的社会属性，我们也才从中得到启示：观察一种语言，研究一种语言，有必要联系这个语言所依存的社会。了解语言的社会背景，对于深入认识一种语言，无疑是十分必要的。

在众多属于“通规”、“共性”的语言现象中，“约定俗成”是涵盖各种不同语言，最具普遍性的一种现象。在体现各种语言的特点中，包括语音、词汇、语法，都有不少是无法解释的现象，只能得出“约定俗成”的答案。拿语言体系来说，大而言之，西方的印欧语系跟我们东方的汉藏语系就有一些显著的差别。例如，语音上汉藏语系的语言普遍具有以声调高低变化区分词义的特点，被称为“声调语言”；而印欧语系的语言则没有这类用以区别不同词义的声调变化，也就被称为“非声调语言”。任何显示特点的语言现象，都是使用该语言的人们在语言实践中长期积累下来的、约定俗成的结果。小而言之，在同属一类语言体系的各种语言中，又有不少各自独有的特征，是别的语言不具备的。例如属于拉丁语系的法语，名词有“性”的语法范畴，不管是有生命还是无生命，每个名词都伴随着一定的性别。说“太阳”是阳性，“月亮”是阴性，这个好理解；但说“书籍”是阳性，而“书店”是阴性，这就不大好理解了。再如，今天汉语叫做 shu（书）的，人家英语叫做 book，法语又叫做 livre，同样的事物各有各的叫法，大家都习以为常，见怪不怪了。本来嘛，语音跟语义之间并没有必然的联系，这也算是语言学上一条适用于各种语言的“通规”，这一“通规”之所以能够成立，解释起来又得回到“约定俗成”上面来。说到底，语言上一些难以理解、不可理喻的现象，不论是出现在哪种语言中，最有说服力的解释往往只能是

"约定俗成"。"约定俗成"可说是形成各种语言现象、各种语言差异中最具普遍意义的"通规"了。可以说，任何语言都离不开"约定俗成"的约束，唯有"约定俗成"才是解决各种无法解释的语言现象的总钥匙。

"约定俗成"的语言现象在我们身边俯拾即是。讲授汉语语法课的老师常常用一些"经不起推敲"的语言事实来说明这个问题：强调语言虽然跟逻辑有千丝万缕的联系，但逻辑思维跟语言形式之间并非一对一那样整齐配合。换句话说，任何语言中的语法表达并不一定完全符合逻辑。研究语法的人，常常用"不会处处让逻辑牵着鼻子走"来说明语法跟逻辑不是一码事，不能用逻辑的眼光来衡量语言现象的是非。请看下面的例子：

①在我来香港以前。——在我没来香港以前。

②今天差点儿迟到。——今天差点儿没迟到。

③大人吃大碗，小孩儿吃小碗。

④今天阳光灿烂，到外面晒太阳去。

例①、例②左右两句都是合乎语言习惯的说法，不必用逻辑的眼光去评个孰是孰非；例③是很常用的句子，习以为常，也就不必推敲“吃”的是“碗”还是别的什么了。同样，作为短语的“晒太阳”也是日常惯用的一个词组，大家都这样说，也都明白意思，还有谁去追究到底是人晒太阳还是太阳晒人呢？上面举的这几个例子都说明习惯了的说法就自然而然地“约定俗成”，成为大家都认可的普遍说法了。这样的例子还可以举出很多很多。像比较句“他的鼻子比你高”，似乎也不合逻辑，“他的鼻子”怎么拿来跟“你”比，应该是跟“你的鼻子”比才对啊！其实，这种“不对称比较”中隐含着人们在语言运用中普遍存在的经济心态，正是出于语言应用中“节约”的原则，人们在语言交际中，特别是在口语交际中，常常会出现“在一定条件下可以省略”的想法，久而久之，一些所谓“省略式”的句子也就应运而生了。老师们在改学生的作文时常常喜欢用“简明扼要”这个评语。这“简明”二字，除了内容不拖沓、不累赘外，我想也包含有语言形式上的“简式”

与“繁式”问题。我们常常听到有“欧式句法”之说，一般指的是冗长的、把许多修饰成分叠床架屋地堆到一句话里来的句式；与“欧式”的句子表达方式不同，汉语通常用的句子表达方式是把内容较为繁杂的长句子分成几个短句子来表达。短句子之所以短，其中也包括一个因素，就是把可以省略的东西给省略掉而又不影响人们的理解。话说回来，在语言应用中如果要恪守经济的原则，也只能在约定俗成的基础上进行。不符合“约定俗成”的任何语言上的“经济”，都是难以得到语言使用者的认同的。汉语中有许多生动活泼、短小精悍的惯用语，凝聚着华夏儿女的非凡智慧。用简单通俗的几个字（词）就能很好地表达出丰富的、深刻的内容。人们常用的成语，无论是共同语中的还是方言中的，都是我们的先辈长期沿用下来的、约定俗成的语言精华。成语是我们宝贵的语言财富，充分显示出汉语及其方言在语言表达上的魅力，值得我们好好珍惜，好好运用。

“约定俗成”威力巨大，它制约着众多的语言现象，这些

"约"从何而来？这些"俗"又如何产生？这就得从语言使用者的社会历史背景、地方风土习俗、民族心理状态等语言以外的因素去揣摩了。例如，南方终年不见冰雪，就形成了当地语言（方言）中出现一系列冰雪不分的词语，粤方言把共同语中的"冰箱"叫"雪柜"、把"冰镇"叫"雪藏"、把"冰棍儿"叫"雪条"、把"溜冰鞋"叫"雪屐"……这一系列以"雪"为"冰"的词语，既是约定俗成的产物，也反映了南方与北方不同的自然地理特征。"约定俗成"的语言现象有的看似有一定的规律性，如粤语中"凡冰称雪"，似乎可以类推；但有的又不能类推，似乎规律性不强，如汉语中四字词压缩为两字词时，大多取一、三字，"北京大学"叫"北大"、"中山大学"叫"中大"、"科技大学"叫"科大"……但并非可以一直类推下去，"清华大学"、"南开大学"、"复旦大学"的简缩就取头两个字，分别叫做"清华"、"南开"和"复旦"。而"香港大学"，它的简称既不取一、三字，也不取一、二字，却取了二、三字，叫做"港大"。可见，约定俗成"既有规律，又无规律”，不管怎样，有规律也好，无规律也好，它既是语言应用中的习惯，习惯一经形成，自然也就深入人心，不胫而走了。全社会的语言应用者，一定要充分认识“约定俗成”的不可逆转性，在自己的语言实践中，无条件地遵循“约定俗成”的指引，使我们的语言（方言）能够更好地发挥它的社会功能。

是兄弟不是父子

——浅释民族共同语与方言的关系

我们在前面说过，汉民族共同语——普通话跟各地方言并非势不两立的对头冤家，而是兄弟姐妹的关系。在民族共同语发展及推广的过程中，方言将始终保留并继续发挥其作为社会交际工具的作用。为什么是这样呢？这就有必要进一步全面了解两者之间的关系了。

我们可以从以下几个方面来剖析民族共同语和方言之间的关系。

第一，从语言渊源方面看。

从语言渊源方面考察，共同语建立在北方方言的基础上，和其他方言有共同的渊源关系。

汉语各方言都是汉语历史发展的产物。在汉民族发展的历史长河中，由于不同时期的不同社会历史条件和人文地理条件，汉族人民所使用的语言自然也会时而分化、时而整合，各种地方方言正是在分化和整合的过程中先后产生的。有的方言形成得很早，有的方言形成得比较晚。早在2000多年前，西汉的扬雄（公元前53—公元18）所编著《方言》一书，就已经反映出当时错综复杂的方言分歧现象。汉民族共同语是在长期使用于政治、经济、文化中心的北方汉语的基础上逐渐形成发展起来的。北方汉语实际上也是一种方言，只不过是汉语中最具影响力的大方言罢了。北方汉语既然作为共同语的基础，发展成为民族共同语，这就使它从方言的大家庭中上升到居于其他方言之上的地位，成为“老大”、“兄长”，而其他方言也就只能安于“弟弟妹妹”的位置上了。我们说民族共同语一经形成，它就“既在方言之中，又在方言之上”，正是这一关系的如实写照。

第二，从语言内涵和语言功能看。

从语言的内涵及其功能方面考察，共同语和方言都是完整的、能独立运用的语言体系。

任何足以充当人类交际工具的语言，都必须是在内涵上具备语音、词汇、语法三要素的完整的语言。使用方言作为社会交际工具，跟使用共同语作为社会交际工具，同样体现了社会不能没有语言、语言不能脱离社会，在语言与社会的关系上，性质并没有什么不同。汉语的共同语与地方方言之所以存在着“你中有我，我中有你”、“同中有异，异中有同”的关系，主要是由于共同语与方言具有共同的渊源，这也反映出方言和共同语都是完全能够独立运用的语言工具。绝不能错误地理解为：只有共同语才是能够独立运用的完整的语言，而方言只是跟共同语不同的一部分语言因素，并不是独立的语言，没有独立运用的功能。只有清楚认识这一点，才能够正确理解为什么在大力推行共同语的情况下，地方方言仍然能够继续发挥作用，且保持和共同语并存并用的社会功能。值得注意的是，任何语言与方言都处于不断发展变化的状态中，我们的共同语和方言也不例外。各自独立运作的共同语和方言，在发展变化中会产生相互吸收、相互补充的现象。例如，在20世纪30年代，共同语就曾从以上海话为代表的吴方言中吸收了一些词汇来充实“国语”的词库；而在20世纪80年代实行改革开放以来，经济上“先走一步”的南方粤语地区与广大北方地区的经贸往来与日俱增，粤语中一些反映新时代、新事物、新观念的词语自然也会时而渗入到共同语中来。与此同时，随着共同语推广普及工作的深入发展，南方的粤语也不断吸收一些共同语的词语来丰富自己。这种共同语和方言在发展中相互吸收的情况，既丰富了共同语的词语，也丰富了方言的词语，具体印证了共同语和方言绝非相互排斥、相互对立的关系，而是相互吸收、相互补充的关系。

第三，从社会地位及彼此关系看。

从共同语和方言在语言社会中所处的地位以及由此而形成的彼此关系方面考察，共同语一旦成为国家提倡、推广的社会通用语言，它在语言社会中就必然处于全国任何一种语言或方言都无法代替的地位。它对内作为各族人民共同使用的、先后载入国家《宪法》及《中华人民共和国通用语言文字法》的“国语”；对外作为我国汉语的代表提供给联合国用作六种工作语言之一的中国语言。它的语言地位当然是名至实归、当之无愧的。

一般而言，对于生活在方言地区，特别是“强势方言”地区的人们来说，方言是从小自然会说的“母语”，而共同语则是外来的、新学会的语言。可是，作为一个先进民族、一个发达国家不可或缺的全社会共同使用的民族共同语一旦形成，国家和政府就必然会采取种种有力的措施来推广它、普及它，以达至人人既会说方言又会说共同语的语言应用格局。一旦在方言地区实现了双语并用，方言一统天下的局面被打破，共同语在社会上的地位日渐提升，进而自然就会在各方言地区构成一种“共同语为主、方言为从”的主从关系。目前，在大多数汉语方言地区，大致已形成这样的主从关系，只是在南方某些方言地区，例如珠江三角洲的粤语地区，由于语言历史较长、通行地域较广、使用人口较多等诸多因素，使方言的“强势”经久不衰，尽管国家不断加强“推普”的力度，始终难以在短期内实现让方言退居从属地位的目标。

第四，从发展的前景看。

从今后的发展前景看，共同语与方言将永远保持并存并用的关系。无论共同语普及到什么程度，是否已全面形成了“普通话为主、方言为从”的社会语言应用格局，共同语和方言的关系永远是兄弟姐妹的关系，永远是并存并用的关系。这是不会轻易改变的。社会的发展始终是语言和方言发展的动力。

随着我国改革开放政策的持续贯彻，地区间的经贸往来不断增强，南来北往日益频繁的形势客观上必然有助于民族共同语的进一步普及。南方像粤语区、闽语区这样一些方言复杂地区的广大民众，会说普通话，能够“双语并用”的人越来越多，在此基础上，语言应用的格局自然就会循着“共同语为主、方言为从”的路子发展下去，使全民通用的民族共同语——普通话逐渐上升为社会交际中的主导语言，在对内对外的语言大舞台中唱着主角的地位，而方言在与共同语并存并用中会逐渐退居社会交际大舞台中的配角地位。就全国范围内整体而言，共同语和方言的发展前景大概会是这个样子。至于香港、澳门，作为特别行政区，语言的社会应用向来有其独特的格局。拿香港来说，其社会语言应用的特点就是多元化的“三语两文”。尽管特区政府多年来也通过众多渠道不断加强普通话的推广工作，但整个社会语言应用仍是以粤语为主的格局。所谓“特事特办”，内地所贯彻的“推普”政策不会在两个特别行政区不折不扣地全面贯彻。当前在港、澳特区，只是为了增强作为中国国民的归属感，也为了与全国人民交流的方便，才提倡港澳同胞都来学习普通话，至于进一步促使民族共同语成为社会语言生活中的主导语言，这是内地“推普”的愿景，不切合港、澳特区的实际，自然也就会有所灵活，不会“如法炮制”了。

形形色色的方言字

汉字的社会应用，从早期的多种古文字并用到秦始皇实行“车同轨、书同文”，以篆书统一社会用字，命李斯作《仓颉篇》，“罢其不与秦文同者”，直到现代通行楷书、行书、草书，这中间既贯穿了语言文字应用规范化的精神，也反映了汉字发展避繁就简的总趋势。现代从识字扫盲、便利掌握的要求出发，又萌发出汉字简化的理念来，于半个多世纪前的1956年，我国开始将一部分汉字加以简化，并由政府颁布施行。这是顺应汉字发展走向、更好发挥汉字社会功能的措施。时下在使用汉字的国家和地区中，除中国内地使用繁体字和简化字相结合的规范汉字外，东南亚新加坡、马来西亚等华裔较多的国家也使用中国政府公布的简化汉字，而台湾地区和香港、澳门地区则尚未使用已为国家正式公布的简化汉字，仍然保持全部沿用传统汉字作为社会用字。目前，在整个“汉字文化圈”中，或简体字与繁体字并用，或未用简化汉字而只用传统汉字，各行其是而同样都能发挥汉字记录汉语、传承中华文化的社会功能。

在汉字的社会应用中，除了存在着繁体和简体的选用问题外，在南方某些方言应用较为活跃的地区还存在一个引人注目的问题，就是方言字的应用问题。汉字是超方言的，汉语的各种方言口语书面上都使用同一的汉字体系来书写。在一般方言词语极少进入书面语的情况下，通用的汉字（包括繁体字和简体字）也就足以应付书写上的需要，不存在方言字的问题了。只是遇到方言词语较多，跟共同语的差别又较大的方言（例如粤语，稀奇古怪的粤方言词特别多，而且经常进入书面语）时，在方言“入文”现象相当普遍的情况下，出现了通用汉字难以满足所有“入文”方言词语书写需求的困境，在这一背景下，“方言字”就作为解决“有音无字”现象的工具应运而生了。据不完全统计，经常出现在书面语中的粤方言专用字，少说也有两三百个。到底在一般写作中哪些方言字可以认同、可以开绿灯，哪些方言字不宜采用、应该予以抵制，已成为港、澳中文教师评改学生作业时不能不考虑的一个问题。现在就让我们先来略窥粤方言词用字的主要表现：

一是沿用古汉语中已有的古（本）字。这些古（本）字在共同语和其他方言中大都已经不用或少用，但却频频出现在粤方言日常用语中。例如“睇”（看）、“焗”（闷热、焖煮食物）、“睩”（眼睛转动）、“黐”（粘）等，其实这类字在今天的通用汉字中仍然可以看到，只是不属于常用字，而是生僻字。粤方言经常用到这些字，是保存它们原来的古词古义的。

二是自造方言俗字。为了记录那些社会上广为应用的方言词语，方言区百姓参照我国文字学造字的“六书”方式，创造了不少本方言独用的方言字，粤方言在这方面尤为突出。例如：①会意字：“乸”（母，母的）、“氹”（水塘）、“奀”（瘦小）等；②形声字：“餸”（下饭的菜）、“搣”（拔）、“煲”

（锅、煮）等；③简单地用一个“口”旁加上一个表示声音的声符来组成类似形声字的新方言字。这类粤方言字的能产性很大，如“嘢”（东西）、“呖”（能干）、“啱”（对、刚好）、“呃”（骗）、“喐”（动）、“嘅”（助词“的”）、“咁”（这样、那样）等。

三是借用通用汉字中某些字的音来表示方言中该音所代表的方言词，这实际上是一种借音不借义的假借式方言词。这类情况在粤方言中用得很普遍，外地人觉得这一类汉字面熟，却未能理解这些字被假借过来后在方言中所具有的词义。例如，粤语中用“叹”的音可以表示“享受”、用“喊”的音可以表示“哭”、用“点解”的音可以表示“为什么”、用“而家”的音可以表示“现在”、用“边度”的音可以表示“哪儿”等，这类方言词从字面上是无法理解粤语假借过来后的词义的。

上述几种表达方言词语的用字方式，其中在粤语中用得最多的是运用“六书”理念自造的粤方言俗字。借音不借义的假借方式也用得相当多。这反映出在寻求摆脱方言词语有音无字、难以书写的困境时，广大方言词语的使用者首先就想到要充分利用汉字原有的造字理论与造字方式，尽量在不打破汉字原有体系的前提下来解决问题。其实，有些现行的粤方言俗字甚至可以追溯到百年以上的历史。如500年前明代的木鱼书《花笺记》、《二荷花史》等都是用粤方言写的文学作品，其后流行于粤方言通行地区的大量民间说唱艺术作品，包括南音、龙舟、咸水歌、粤讴等，都是研究岭南文艺的珍贵财富，而时下出现在粤语地区报刊、影视、传媒乃至社会广告中的方言俗字，有很多也都是由来已久的。当然，随着社会的发展，粤语词汇不断丰富，随之也自然会不断产生新的粤语俗字，以适应方言“入文”书写上的需求。例如，当前用得很普遍的一个粤方言新字“𨋢”（电梯），就是一个利用“六书”体系创造出来的典型新字。取“立着的车”来表示“电梯”，语音上又接近英文原名 lift，十分贴切。

方言用字不管取自何种方式，一旦在社会上广为流行，就会得到广大用字者的认可，成为约定俗成的方言用字。即使有个别字不大符合汉字传统的造字原理，作为方言地区记录方言词语的专用字，也就不妨顺其自然，不必过于计较了。有些方言词语跟古代汉语存在着继承和发展的关系，是可以考证出它的“本字”来的。方言词语沿用古字（本字）来表达应该是顺理成章的事。但事实上方言中的口语词，并不一定要用与之相应的古字（本字）来表达，这也是可以理解的。因为方言口语词无时无刻不在千千万万方言使用者中传播交流，遇到没有现成通用文字可以表达时，人们自然就会想方设法来加以解决，可能语言学者们尚未考出该词语的“本字”来时，社会上早已有通行的方言俗字来表达该方言词语了。这时我们只能服从约定俗成的习惯，也用不着深究其合不合“本字”的是是非非了。有时经过学者严格考证出来的“本字”过于生僻、难写，有碍方言口语充分发挥其传情达意的社会功能，也是不容易为方言口语使用者所接受的。倘若方言中生动活泼的口语词，在考出“本字”来后，因为用上生僻难懂的“本字”而蒙上一层晦涩的面纱，这当然是许多在口头和通俗书面语中经常运用方言词语的人所不愿意见到的。因此，我们说，考“本字”的学术价值是不容抹杀的，但是如果认为考出来的“本字”就一定会被拿来作为社会用字、交际用字，那就大错特错了。

考证归考证，应用归应用，尽管记录方言词语可以适当采用“本字”，但绝非为存古而用古，倘若方言词已有普遍认可的“非本字”在社会上流行，也就不需要“本字”来“效劳”了。在当今的语言研究中，特别是像粤方言这样“入文”十分普遍的方言研究中，形形色色的方言用字确是一个很值得探讨的课题。笔者这里不可能把方言用字的方方面面都谈透，比如方言俗字五花八门，难道就无须规范？同是一个“现在”，是写“而家”好还是写“依家”好？也还有人写成“宜家”呢！是不是让它们各行其是？诸如此类的现象还不少，都是我们考虑方言用字时不能回避的。

琐议网络语言

语言随社会的发展而发展，社会的发展需要语言的密切配合。说到底，语言总是要为社会服务的。不同社会对语言交际的需求不同，不同民族、不同地域的语言（方言）在承载各种文化时所发挥的效能也各有差异。总之，语言作为人类最主要的交际工具和传递信息、记录文化的载体，只能跟随时代的前进和社会的发展不断作出调整，才有可能最充分地发挥它的社会功能。特别是在当今科技飞速发展、社会现象纷繁复杂的情况下，语言的发展变化更呈现出与时俱进、日新月异的态势。当前，在我们的汉语应用中，产生了不少新的景象、新的特色，其中最为引人注目的莫过于网络语言的出现了。如何看待五花八门、稀奇古怪的网络用语？这已成为近期语言学界议论纷纷的热门话题。我们此前在论及语言规范与语言应用时，一再强调语言规范工作应该是动态的，在“动态规范”的理念下，如今社会上对于这类不断涌现的、看来似乎不伦不类的语言现象既然议论纷纷、褒贬不一，我们就有必要面对现实，坐下来切磋、探讨一番了。

就网络语言来说，首先我们得承认它是社会发展的产物，是科技发展的产物，也可算是语言发展中的新生事物。说到新生事物，人们脑子里自然会浮现“扶持”的念头。任何新生事物的产生和成长，都需要人们的关爱、社会的扶持，才有利于它的健康成长。我们把网络语言定位为新生事物，就因为它适应现阶段社会发展的需要，服务于科技高度发达、人类进入信息化时代的需求，这不正是语言紧跟社会发展的具体体现吗？近期报刊媒体天天在颂扬我国改革开放三十多年来的伟大成就，在这许多伟大成就中，计算机的普及、网络的进入、信息化的发展，无疑是值得大书特书的一大成就。什么是现代化？这就是看得见、摸得着的现代化。十多年前，当我这个老头儿怀着小孩儿进幼儿园的心情开始接触计算机，享受这现代文明给我晚年的工作和生活带来极大便利和无穷乐趣时，我就意识到我已忝为我国千百万网民中的一员了。有一次，当我使用计算机写作、交流时，注意到媒体的一则报道：截至2000年的第一季度，我国单是消费类的电子商务网站就有1100多家，而因特网的用户在那年年底就已经达到2250万人了。当时的报道只是说我国网民增长的速度大大超过发达的西方国家，还谈不上计算机的普及。而时至今日，仍然属于发展中国家的中国，在计算机化这一点上，已经可以说进入发达国家的行列了。如今哪家哪户没有上学的孩子在使用计算机、在上因特网？看看电视上的画面，安置在四川灾后重建小学里的基本设施中就少不了计算机的影子。网络在我国普及的速度，何止是一日千里！既然网络时代、信息化时代早已神不知鬼不觉地来到我们身边，进入千家万户，适应网络交流特点、记录网络时代信息的新鲜语言自然也就会神不知鬼不觉地发展起来。

语言始终是交际的工具，网上交流的特点是迅速、快捷而又生动活泼，在网上交际的人群以年轻人为主体，他们在网上相互交际时所用的话，只要彼此能够听得懂，没有隔阂就行了。如果能够加上一点调侃的味道，网上聊起来就会越发来神、越发有趣，既长知识又能娱乐，让生活丰富多彩，何乐而不为呢？正是怀着这样的心态，网民们就顾不得那么多语言文字应用的规矩，懒得完全使用“一本正经”的方式来说话交流了，一些看似不伦不类、离奇古怪的话语也就自然产生了。对这种在特殊条件下使用于特殊范围的语言，在社会上引起强烈的反响是可以想象得到的。有人痛骂这些都是语言垃圾，呼吁拿起扫帚，把它扫进垃圾堆；有人提出应该纯洁网络语言；有单位还发布文件，禁止在正式的文书中使用网络语言……一时间斥责网络语言的声音不绝于耳，甚至有人认为给网络语言编纂辞书也大不应该，有替“语言垃圾”张目之嫌。当然，在存在诸多非议的同时，也有许多人对此心平气和，认为应该冷静看待、分析研究，不宜大动干戈、一概否定。总之是各有看法，是是非非，不一而足。

笔者认为，这可算是我们语言现代化进程中遇到的一次挑战，也是对我们这些“吃语言饭”的“秀才们”一次很有意思的考验，看看我们对待语言发展的态度，检验我们处理语言应用中“非常事件”的能力。但其实只要对语言的发展持正确的理解，所谓“非常”也就会成为“正常”了。一般来说，新出现的网络语言只是语言词汇系统中新词新语的一部分，并不属于词汇中核心的部分——基本词汇。新词新语是随着社会的发展变化而不断产生的，它相对于基本词汇来说，稳定性比较差，可变性比较大。任何一种语言，其词汇的不断发展变化、不断丰富充实，首先会从新词新语中反映出来。网络语言明显具有轻松活泼、传播迅速的特点，自然适合现代年轻人的口味。尽管其中一部分词语有悖传统的词语结构规律，难免叫人摸不着头脑，感到困惑，但一旦人们掌握了它，就会习惯成自然，感到并非绝对不能接受的了。

所谓网络语言，一般可以分为三种类型：一是与网络有关的专业术语，如“鼠标”、“硬件”、“病毒”、“宽带”、“登陆”、“防火墙”等；二是与网络有关的特别用语，如“网民”、“网吧”、“触网”、“电子商务”、“虚空间”等；三是网民在聊天室里闲聊时的常用词语。这包括用通用汉字表达的，如“美眉”、“大虾”、“菜鸟”、“斑竹”、“青蛙”等；也包括一些用字母的读音或数字的读音来表示的脱离汉字形体结构的表达方式，如用“TMD”表示骂人的话“他妈的”、用“7456”表示“气死我了”等（参见《中国网络语言词典》周洪波序）。在这三类网络语言中，社会上议论纷纷的唯有第三类网民在聊天室里常用的词语，指责网络语言乌七八糟、破坏语言纯洁的人，矛头所向也就是这第三类的新奇网语。其他第一类、第二类近似科技术语和行业用语，凡接触网络的人都得把它们作为基本常识来掌握，自然不会有什么异议了。

其实，这第三类网络语言在整个网络语言中所占的比例是很小的。据《中国网络语言词典》（于根元主编）编者的统计，该词典收录词语一千三百多条，属于上述第三类的词语仅有一百多条，所占比例实在很小。之所以有人对网民们在聊天室里使用的这些语言诸多指责，我看主要囿于传统语言文字的观念根深蒂固，人们总觉得这些背离传统理念的新奇语言，跟长期沿用惯了的语言文字格格不入，跟我们国家长期以来不遗余力地倡导语言文字规范化的精神也有所抵触。而另一方面，在为数不多的这类网络语言中，确实也存在着一些内容低俗、格调不高、有损文明的现象。正因为如此，我们觉得还是有必要对此类网络语言进行认真的分析研究，从语言作为交际工具、语言应用的需要出发，剖析出现在聊天室里这些所谓不纯洁的网络语言流行的范围到底有多广，它们到底能给社会语言应用造成多大的危害。如果仅仅是网民在网上交际时使用，我认为没有必要多加指责，完全应该持宽容理解的态度，充分尊重网民们选择语言交际手段的自由；如果让这些聊天室语言破门而出，从虚拟的网络进入到现实的语言社会中来，并且被学生们作为有创造性的语言、作为通用语言文字的一部分广为应用，甚至写进语文作业里来，那就不能不引起语文界、教育界乃至社会各界的关注了。

至于网络语言词典的编纂，我是举双手赞成的。从语言研究、词汇研究的角度出发，只要是人们用来交际的语言，哪怕是脏话、黑话，都可以汇集起来，写成专著，编成辞书。如果有人能深入调查，汇集黑社会中的用语编纂成书，我想出版社应该不会拒绝出版。不是早已有过研究脏话的文章在学术刊物上发表，在学术会议上宣读吗？我想大概不会有谁把研究脏话看成是在推广脏话吧！

杂议外来词

一个民族在跟其他民族的接触交流中，其语言自然也会因相互接触而导致相互借入的现象。对于这些原非本民族语言所有，而是从其他语言借入的语言成分，一般都称之为外来词或外来语。外来词的进入可说是民族语言词汇丰富的重要因素。我们的汉语也在它的长期发展过程中吸收了不少来自其他语言的词语，因此，现代汉语教科书在述及汉语词汇的构成与发展时，总少不了要提及外来词的情况。

拿承载着几千年悠久文化的汉语来说，在很早的时期汉语就跟他族语言有过接触和交流，结果是汉语一方面从其他语言吸收了不少外来词语，另一方面也向其他语言输送过一些汉语的词语。当年佛教传入我国时，一些与佛教有关的词语，如

“菩萨”（梵语）、“天竺”（古波斯语，印度旧称）等，就渗透到汉语中来，在佛经的汉译中可以看到许多属于古印度语的外来词。至于我国汉语词汇被他族语言吸取过去的情况，大家都知道，随着我国历史上茶叶和丝绸的大量外销，许多国外语言的“茶”和“丝”这两个词都是借自汉语的，如英语“tea”源自我国茶叶主产区闽方言中“茶”的音读 te，而“silk”一词则明显来自汉语的“丝”。其实，早在公元4世纪后，随着中国文化的进入，日本就开始从我国借入汉字，所谓“训读”，就是借入我国汉字连同它的字义而用日语的语音来读。一般来说，外来词语的吸收总是伴随着外来事物或观念的吸收而吸收的。近代我国南方闽、粤等地华人不断涌入东南亚各地，这就促进了闽、粤方言和东南亚侨居国语言间的交流，从而使其互相影响、互相吸收对方的一些词语。

有学者专门研究印度尼西亚语，发现其中跟汉语闽方言相互借用的日常用语相当多，如“豆腐”这样地道的中国食物名词，早就随着华人的进入传进印度尼西亚语中去了。众所周知，现代汉语中的外来词，以借自英语的为最多，这跟近代海禁大开，使用英语的国家、人民跟我国的贸易往来日益频繁是分不开的。南方粤方言区是对外往来首当其冲的地带，粤语中的英语借词自然也就特别多。香港地区回归前一直是英国的殖民地，这一特殊的历史背景更使得香港粤语中存在着众多来自英语的借词，有的来不及考虑如何借用，干脆照搬照说，这也就是在口语交际中日益普遍的“语码夹杂”现象产生的原因。从“的士”到“士的”，从“士多”到“多士”，还有“士多啤梨”之类，光是带“士”的外来词就不知有多少！

汉语中的外来词，从来源上看，有的是直接从原语借入的，有的却是从其他的语言间接吸收过来的；有的是从口语吸收过来的，有的却是通过书面文献吸收过来的；有的是较早吸收进来的，有的却是近期才吸收过来的；有的是汉语共同语吸收过来的，有的却是某个汉语方言借用进来的，总之是来源不一，相当复杂。但不管怎样引进，都必然要加以改造以适应汉语及其方言语音的特点。例如，汉语具有音节比较单纯、每个音节一般都有元音、没有复辅音等特色，在吸收外来词语时就都必然会考虑到外来词读音的改造问题。改造的结果有的因为外来词的音在汉语语音系统中没有，就只好凑合点儿用相近的音来表示，明显的如外来语中的 r 音汉语吸收过来后就常用 l 的读音来表示；而外语中复辅音，如 pl－、st－ 等本都只是一个音节，吸收过来时往往就在每个辅音后面加上一个元音，使之成为两个音节。

汉语中的外来词，从吸收的方式上看，主要有音译和意译两种不同的方式，当然也有把音译和意译结合起来用的。由于音译最为简便、最易吸收，时下我们经常接触到的外来词，自然是以音译词为主。在香港，走上街头，打开报纸电视，音译词触目可见，如“巴士”、“沙发”、“咖啡”、“摩登”等。至于意译词，一看就明白的莫如“牛津”这个词了，照着原词 Oxford 的意义翻译成汉语。这类意译词随着社会的发展也在与日俱增，如时下遍布各地的“超级市场”一词，也属此类意译词。从严格意义上说，一些已是基本词汇的常见词，尽管所代表的事物或概念原先是外来的，但该事物或概念随着我国社会的发展，早就进入我们的日常生活，我们也早就使用汉语的构词成分、根据汉语的构词方式造出一个相应的汉语词来了，这就不能把它看作是外来词。一句话，不能把汉语中所有表示外来事物或概念的词都视为外来词。例如早期从国外引进的“西瓜”、“黄瓜”、“胡椒”，以及后来陆续产生的“火车”、“飞机”、“电灯”、“轮船”、“电话”等一大批现代社会中的常用词，就不能看作是外来词。再举个例子来说，早年的“德谟克拉西”是音译的外来词，后来的“民主”就不被看作是外来词了。同样的道理，当年说“哀的美敦书”时，明显是用了一个外来的音译词，但现在说“最后通牒”，就不是外来词了。意译有个基本条件，必须准确理解这个词或词组的意思，最好连同它的来源也有所了解。意译的方法是有高下之别的。因为意译不一定是直译，有时还得费神斟酌如何概括原意，在文艺界甚至还会考虑到如何给引入的作品起一个艺术性的译名。突出的例子莫如给一部著名的外国电影或文学巨著安上汉语的名称了。记得年青时到电影院看外国名片，首先就为这些片子的译名所吸引，什么《剑胆琴心》（*The Magic Bow*）、《翠堤春晓》（*The Great Waltz*）、《乱世佳人》（*Gone With the Wind*）、《魂断蓝桥》（*Waterloo Bridge*）……多么有意思啊！为了适应汉字的表意特点，一些本来可以直用音译的外来词，人们又在音译的基础上再加上一个表意的类名，如“卡车”、“拖拉机”、“芭蕾舞”、“沙丁鱼”等；有的甚至还在音译中选用音义相关的音节，如“幽默”、“维他命”、“乌托邦”等。真是绞尽脑汁，匠心独具！从这里，我们可以领悟到，吸收外来词的关键——如何处理语言间的对译，的确是一门不小的学问。

尽管外来词的吸收方式不外乎音译和意译两个方面，但由于种种原因，无论音译还是意译，都出现了五花八门、各呈异彩的局面。同一个人、同一个地方，乃至同一件事物或同一个概念，用汉语汉字表达出来却完全不一样的现象比比皆是，特别是外国人名、地名等的翻译十分混乱，实在是到了非重视不可的地步。由于使用方言音系和使用共同语音系来音译外来词效果完全不同，加上你用音译我却用意译，还有其他一些涉及文化、心理等的因素也夹杂其间，就使得在香港与内地外来词的命名有了很大的差别。同是电影《乱世佳人》的男主角，香港译成“奇勒基宝”，内地却译成“克拉克·盖博”；同是那条鼎鼎大名的沉船，香港称之为“铁达尼”号，内地却说是“泰坦尼克”号。这分明跟粤语和共同语语音特点的差别有关。由于粤语音系中有塞声韵尾不必念出声来的特点，Clark 就可译成两个音节“奇勒”，而按照共同语的语音特点，就被译成三个音节“克拉克”了。影城好莱坞在香港是“荷里活”，前美国总统布什在香港是“布殊”，澳洲名城悉尼香港译为“雪梨”，还有新西兰与纽西兰、旧金山与三藩市、新加坡与星加坡等。最有趣的是一些著名品牌，偏要给它一个“吉利”的中文名，如港人把日本汽车 Mazda 叫做“万事得”（内地叫“马自达”）、把电器牌子 Canon 叫“锦囊”（内地叫“佳能”）、把 Sharp 叫“声宝”（内地叫“夏普”），受同样心态的驱使，内地也给德国汽车 Benz 安上一个漂亮的名字“奔驰”，等等，无不加大了译名的分歧。看来对形形色色的外来词译名进行必要的规范，实在是在所难免的了。谁来规范？怎样规范？调查研究应该先行。没有调查就没有发言权。在北京，已经有相应的机构在研究这类问题了，香港的有识之士，如中国语文学会在会长姚德怀先生的大力倡导下，过去也在这方面做了许多研究工作，积累了大量的资料。我想一旦条件成熟，就应该把研究的成果综合起来，制定法规，通过语言文字权威部门公布实行。我们正期待着这一天的早日到来。

保护和抢救濒危语言和方言

在“普通话和方言”的结尾，笔者提及“濒危语言和方言”，写下了这么几句话：“近期国家十分重视拯救濒危语言及方言的工作，对一些因各种原因导致社会上应用的人很少、面临消失之虞的语言及方言，现正组织专业力量加紧调查研究，把珍贵的语言数据抢救下来。”借此机会，就让我们来谈谈濒危语言、濒危方言的问题吧！首先，我们得弄清楚何谓濒危语言，何谓濒危方言？根据语言学家的调查，世界上大约有 5000 至 6000 种语言，其中已有上千种语言在近一百多年中陆续失去交际的功能，从社会中消亡。而这一趋势还在继续，估计到 21 世纪末，现存的语言及方言将会有 90% 以上继续消亡，到那时，世界上通行的交际工具，大概就只剩下各个国家、各个地区使用的官方语言或具有较强优势的地域方言了。所谓濒危语言和方言，顾名思义，指的就是这些日趋消亡而尚未完全消亡的语言或方言。看一种语言或方言是否濒危，主要是看它的生存状态。

有学者认为从语言使用者和语言自身的角度出发，还可以就语言濒危的程度将濒危语言进行层级的划分。拿我国的少数民族语言来说，据民族语言学家的估计，目前已有十来种处于或即将处于濒危的状态。像满族原有的满语，由于长期以来各地满人都使用汉语，满语早已在社会中日渐丧失其交际功能，也就难逃濒危的命运了。又如畲族原是个古老的民族，是有本族的畲语的，也因为畲族人口虽有六七十万，但散居在浙江南部、福建北部、广东东部以及江西、安徽、湖南、贵州等省个别地区共一百多个县（市），他们大都使用一种以当地汉语方言（主要是客家方言）为基础的“畲话”，原先属于畲族人民自身拥有的畲语，使用者寥寥无几，早就处于濒危状态了。至于汉语中分布各地的复杂方言，除了官话（北方方言）、吴方言、湘方言、赣方言、客家方言、闽方言、粤方言等七大方言人口都在数千万乃至数亿（官话），不可能消亡以外，同样也存在一些或处于七大方言区之内或一时难以归入任何方言区的使用人口很少、使用范围很窄的方言土语，由于它们在发展的过程中或受到周边强势方言的影响，或经受不起共同语在全国大力推广的冲击，使用的人越来越少，导致最终也免不了走上濒危之路。

拿广东省来说，粤西茂名的“正话”和粤东陆丰的“军话”就都属于濒危的方言。就“军话”来说，早在半个世纪前，笔者参加中国科学院少数民族语言调查队到海南岛调查黎语时，就发现处于天涯海角的崖县县城（今归三亚市）有几千人说着与周围的海南闽语截然不同的“军话”，经了解这些人原是历史上南戍边疆的军人后代，而明显属于北方方言系统的“军话”正是他们世世代代承传下来的母语。事隔半个世纪，当笔者的博士研究生丘学强以濒危方言的“军话”为题撰写博士论文时，他在调查中却发现不仅在海南的崖县、广东的陆丰，还有广西南部的北海地区、福建闽中的永安一带，同样也存在着自称是“军话”的汉语方言。现在看来，粤、闽、琼、桂四省的“军话”，基本上都属于濒危方言了。此外，珠江三角洲的疍家话及粤东的“畲话”，也都是处于濒危状态的语言(方言)。其中住在粤东的畲人，早已说着当地的客家话，只保留少量有特色的词语，而不再说“畲话”了。畲族先是丧失本民族原有的“畲语”，后来连仿效当地汉语方言所形成的“畲话”也陷入濒危的境地。语言或方言之所以濒危，其原因是多方面的，当今人类进入信息化的时代，信息化也成为加速弱势语言及方言消亡的重要因素。凡是没能跟上科技发展的步伐，没能进行信息化处理的语言文字，大概都属于社会通行率较低的弱势语言或方言，它们都面临濒危的厄运，随时都有消亡的可能。

语言或方言作为文化的载体，作为人类的财富，它承载着人类文明的历史发展进程，任何一种语言或方言的消失，都有可能导致一些重要文化现象的丧失，这将是人类历史上无法挽回的重大损失。正因为这样，20世纪80年代以来，濒危语言和方言一直受到语言学界的密切关注，保护和拯救濒危语言及方言成为急需解决的现实问题。联合国教科文组织从90年代初就陆续启动了拯救濒危语言及方言的一系列措施。1992年，教科文组织下属的哲学与人文科学国际委员会（CHSH）提出编辑《濒危语言红皮书》的建议；同年8月，联合国教科文组织的国际语言学家常设委员会通过决议，呼吁各国政府和相关机构“对尚未研究或尚未充分描述的濒危语言在语法、词典和教科书以及口头文学等方面进行描述”。

接着，联合国教科文组织将1993年定为世界范围内抢救濒危语言年，呼吁各国组织语言学家开展对濒危语言和方言的保护及抢救工作，此后接连于1995年在日本召开濒危语言国际学术研讨会，于1996年在西班牙召开语言政策问题的国际会议，敦促各国从政策上采取有效措施对濒危语言和方言实施保护及抢救。与此同时，一些发达国家也为此进行了许多的工作。例如在美国，一方面语言学家们加强了对濒危语言的调查研究，另一方面政府也针对境内印第安人的土著语言采取了一些保护措施，有些地方还开展了英语和土著语言的双语教育，并组织出版了关于濒危语言的学术论文集；在英国，专门设立了濒危语言基金会，并在20世纪90年代中期以后，陆续举行过多次有关保护濒危语言问题的研讨会；在澳洲，政府一直十分重视原住民语言的研究和应用问题，明确规定实行多语制，在大学里设立澳大利亚濒危语言论坛，设置濒危语言的电子数据库；在日本，东京大学于1994年成立国际濒危语言数据交流中心，政府又在1997年颁布了《阿依努文化促进法》，积极促使接近濒危乃至消亡的日本阿依努族土著语言的复苏。这些例子充分说明近一二十年来，联合国和世界上一些有影响的国家，都在保护和抢救各种濒危语言及方言方面进行了积极的工作，也积累了许多宝贵的经验。反观我们这个语言和方言众多而复杂的国家，应该说，这方面的工作是相对滞后的。

好在近期有关方面也已意识到这个问题的紧迫性，意识到保护和抢救我国濒危语言及方言的工作确实是抢救我国宝贵文化遗产工作的一个重要方面。为此，在21世纪初，中国社会科学院就把“中国濒危语言方言调查研究与新编《中国语言地图集》”列为重大课题，由社科院人类学与民族学研究所和语言研究所分别组织专家队伍对濒危民族语言及濒危汉语方言开展具有抢救意义的调查研究工作。通过几年来的努力，已经取得明显的成效，一批揭示濒危语言及方言真相的专著正陆续出版问世。

前面提到的反映广东粤西的“正话”及粤、琼、桂等省“军话”的两本著作，就已作为调查研究濒危方言的首批成果正式出版了。其中丘学强的《军话研究》，出版后深受海内外语言学界的瞩目，不久前“李方桂语言学论著奖”就把2006—2007的“优等奖”颁给了此书，这也是中国内地学者首次获得这一具有国际性权威的语言学奖项。

濒危语言及方言问题正日益受到国际社会的关注。中国作为语言资源特别丰富的大国，保护和抢救濒危语言及方言的工作任重而道远，为了拯救和保护人类宝贵的语言文化遗产，我们期望这一迫在眉睫的工作能够以只争朝夕的精神有计划地持续进行下去，早出成果，多出成果！

粤语水平的测试

任何一种语文的学习，都得通过一定方式的考试来评定学习者掌握该语文的程度，确定他所达到的水平。特别是对于口语的掌握来说，水平测试这一门槛更是必不可少。大家比较熟悉的英语“托福”考试，便是为非英语国家人士进入英语国家求学而设置的一种水平测试。达不到“托福”要求的人，说明你的英语没“达标”，也就不可能被英语国家的高等学府接纳了。攻读香港的大学同样需要有较好的英语基础，因此，香港一些大学在接收外地的学生时，往往也把“托福”的成绩作为录取的重要条件。英语有“托福”这样的语文测试，我们汉语呢?

在各级学校里，老师通过教学中各种考试、测验的环节，当然也可以了解到每个学生的语文程度，但长期以来，我们却一直缺乏一种适用于社会上所有的人群，用来量度汉语水平的公开考试，更不要说制定一套考核外国人汉语程度的测试标准了。只是到了我国实行改革开放政策以后，随着文化教育上跟世界各国双向交流的展开，特别是近十几年来“汉语热”在世界各地的兴起，来华求学的外国学子日益增加，人们才意识到对于进入我国求学的海外学生和前往国外教授汉语的我国教师来说，都应该有一个统一、公开的汉语水平测试。这些年来，教育部和国家语言文字工作委员会抓紧此项工作，已陆续制定出几种关于汉语水平测试的法定标准，如众所周知的、由国家语委实施的“普通话水平测试”（PSC）和国家汉办为了发放“对外汉语教师资格证”（TCSOL）而实施的“汉语作为外语教学能力考试”。此外，面向母语非汉语人士的“外国人汉语口语测试”也已出台，2010 年 6 月于北京等试点城市举行首次考试。可见，我国政府近期已针对不同对象、不同目的分别制定出多个汉语水平测试标准来了。这对于规范汉语的教学、推动汉语在全世界范围内的传播，无疑是十分重要的举措，自然深受海内外相关人士的欢迎和支持。

面对多种汉语水平测试的实施，笔者不由想起我们香港特区七百万人民日常惯用的社会通用语——粤语，是否也需要有一个水平测试之类的考核标准来评定人们掌握粤语的程度呢？既然老师上课用的大都是粤语，中国语文课的朗读用的也是粤语，那么是不是语文老师说的粤语必须达到较高的水平，才可以满足课堂教学的需求呢？再说，时下海外学习粤语的人也不少，拿美国来说，在不断升温的“汉语热”中，除了现代汉民族共同语——普通话已在许多学校，包括大学和中学作为外国语课程开设以外，也有一些大学和中学开设了粤语的课程。据统计，在日本，近期大学里外国语课程选修得最多的已是汉语而不再是英语、德语了。香港这个中西交汇、华洋杂处的地方，到这里来寻求发展的各国人士很多，包括一些来自内地不懂粤语的人士，都希望能尽快融入香港社会，粤语的掌握正是融入香港社会时首先要遇到的一道门槛。

海内外广大粤语学习者的迫切心情促使我们非多多关心粤语的培训、测试工作不可，这使得评估粤语程度的考试及其等级标准的厘定是必不可少的了。我们常说语言的研究必须为语言的应用服务，对于研究粤语的专业人士来说，设计、厘定粤语水平测试办法和等级标准也该算是粤语研究为粤语应用服务的一个实例吧！

开展粤语水平的测试，有许多准备工作必不可少。首先得全面开展对粤语的内涵，包括语音、词汇和语法的调查研究，让人们对我们天天在用的粤语有一个明晰的认识。这有赖于粤语研究者在已有研究成果的基础上对粤语作进一步的总结整理了。从汉语的实际情况出发，对于学习汉语及其方言的人士来说，学习时固然应该全面顾及语音、词汇、语法三个方面，但最直接、最容易接触到的问题大都出现在读音和用词上。

拿普通话水平的测试来看，作为测试的基础条件，早在20世纪90年代正式开展普通话水平测试之前，语言学家们就已经通过普通话审音委员会于五六十年代陆续对普通话的异读词进行过审订规范了。至于词汇方面，半个多世纪前开始编纂的《现代汉语词典》，就是遵照国务院的指示，按照词汇规范的要求来编写的，因而近几十年来，《现代汉语词典》就一直被海内外读者当作现代汉语词汇的规范来看待。香港既没有专司语言文字工作的政府部门，也没有由政府相关机构专为粤语规范而组织的粤音审订工作和粤语词典编纂工作。但一些高等学府和一些民间学术团体中的专家学者，对此却一直是十分关注的，他们也曾聚集在一起切磋、研究并编纂过类似粤语正音的资料供有关方面参考。据笔者所知，20 世纪 90 年代初，香港教育署属下的语文教育学院中文系就曾组织过一个“常用字广州话读音委员会”，邀请港岛知名语文专家 12 位，并以国学大家罗慷烈教授为顾问，通过反复讨论，对 4761 个常用汉字的粤语读音进行审定，于 1990 年印发《常用字广州话读音表》，供全港中小学教师参考。就粤语读音的规范而言，这无疑是一个相当好的基础。2008 年香港传媒曾就某些字读音存在的分歧展开过热烈的争论。一旦粤语水平测试的工作上马，那些仍存分歧的读音如果不定出合理的规范（正音）来，势必影响测试中读音评定工作的顺利开展。因此，个人认为，在读音的规范方面，不妨就以上述《常用字广州话读音表》为基础，再组织专家作些必要的修订，然后由特区教育行政部门公布施行。在粤语的用词方面，当前坊间有不少粤语词典，其中良莠不齐、泥沙俱下，但也不妨选择几本收词较多、质量较好的作为基础，再组织专家进行增订和修补，使之能如实反映香港粤语词汇的面貌，作为粤语水平测试的词汇依据。至于粤语语法方面的依据，著名粤语学者、香港中文大学张洪年教授三十年前出版了他的扛鼎之作——《香港粤语语法研究》，此书近期又有增订本刊行。大凡粤语语法上的种种问题，都可以从中获得相关信息，此书就可以作为粤语测试中语法部分的参考。

根据十多年来汉语普通话水平测试的经验，要把测试工作做好，准备一部水平测试大纲、事先对参加应试的人培训一番是很有必要的。测试大纲应该包括测试的内容和范围，测试的方式、试卷的组成和评分的具体标准，测试各部分所占分数，以及如何根据应试者的测试成绩确定其达到哪一个等级。目前，我国汉语普通话的测试成绩规定为三级六等：最高分的一级甲等要求97分以上，最低分的三级乙等要求60分以上但不足70分。至于那些普通话水平根本达不到60分的，应属“等外品”，普通话的水平就是不及格了。我们在考虑制定粤语测试的方案时，不妨参考普通话测试的做法，也可以适当参考目前美国通行的考核粤语口语水平的两种方式：其一是美国政府机构所采用的、由美国政府“语言圆桌委员会”（ILR）制定的“语言分级标准”（Language Skill Level Descriptions）；其二是由“全美外国语教师协会”（ACTFL）所制定的，各学术机构所采用的口语考试方式。两者都采用面谈式的口试方式（Oral Proficiency Interview）。全美外国语教师协会把粤语口语水平分为初级、中级、高级和超级四级，初、中、高级又再各分下、中、上三级，实际上就是十个等级（以上美国粤语测试资料取自林柏松《粤语口语水平考试刍议》一文，刊于《粤语研究》第2期，2007年12月，澳门）。我想，任何一个语言测试方案的设计都应该结合该语言的特点及其相关的文化背景来考虑。对于汉语（包括其方言）来说，除了口语的面试，还应该有听力的测试和书面的测试；除了对语言本体掌握程度的测试，还应该有文化理解、文化素养方面的测试。这就不能完全照搬其他语言的测试方案了。

为了更好地推动粤语的研究、教学及社会应用，粤语水平的测试工作应该提到特区政府相关部门的议事日程表上来。我们期待着这一工作能够尽快开展。

方言特色拾零

汉语以地域方言众多著称。从南到北的各地方言尽管都是汉语历史发展的产物，但由于种种影响方言发展的内外因素，使今天南北各地方言中具有许多独具一格、与众不同的特点。过去由于调查不够，许多方言现象未被发掘出来，一些听起来很有特色的方言土语，人们难明真相，总觉得罩着一层神秘的面纱。经过近几十年来全国各地纷纷开展的方言调查，形形色色的方言现象逐渐浮现出来，许多前所未见的方言特征令人眼花缭乱，使长期以来人们对汉语的传统认识也不得不作必要的修正。要全面地叙述汉语方言的特色，哪怕是最简单的“略述”，也足以写成厚厚的巨册。这里我们不妨利用短短的篇幅，就一些突出的方面说说，蜻蜓点水，“拾零”罢了。

首先想略为介绍一下汉语方言分区的情况。从20世纪20年代我国语言学家开始运用现代语言学理论方法对汉语方言进行调查研究以来，他们主要根据方言的特点对为数众多的现代汉语方言进行过不同的分区。早期几位语言学大师的分区分别是：30年代李方桂把汉语方言分为北方官话、西南官话、下江官话、吴语、赣客家话、闽语、粤语和湘语八区；赵元任于40年代对他早在1934年提出过的九区说进行了修改，最终将汉语方言分为广州方言，客赣方言，厦门—汕头方言，福州方言，吴方言，湘方言，北方官话——黄河流域及东北地区，南方官话——汉口与南京之间，西南官话——四川、云南、贵州、广西一部分、湖北一部分等九区；王力在40年代编写《中国语文讲话》时，将李、赵的八区、九区先概括为五大方言——官话、吴语、闽语、粤语和客家话，然后再在五大方言下面细分若干系。进入50年代，随着方言调查的开展，人们对汉语方言的了解日益加深，汉语方言的分区有了新的进展。其中最具代表性的是丁声树、李荣于1955年提出的“八大方言”说。八大方言是指北方方言、吴方言、湘方言、赣方言、客家方言、粤方言、闽南方言和闽北方言。此后，这一分区在国内一直为各种汉语教科书所沿用。到了80年代初，随着方言调查的进一步蓬勃开展，鉴于八大方言中的闽南、闽北分列两区未能如实反映闽语内部的严重分歧，方言学家们又萌发了不如先将闽南、闽北合而为一，再在下位层次细分若干闽语“次方言”的想法，于是就又有了“汉语七大方言”之说。笔者的《现代汉语方言》（1981）一书首先采用“七大方言”系统，即将八大方言中的闽南、闽北合为一个“闽方言”。此后陆续有一些现代汉语教材以七大汉语方言代替了八大汉语方言，而1987年出版的、由季羡林教授担任主编的《中国大百科全书》语言文字卷，在相关的条目中也采用了“七大方言”说。其后李荣等在80年代后期编纂出版的《中国语言地图集》，又将七大方言改为十大方言，即在七大方言基础上增加北方的“晋语”、安徽的“徽语”和广西的“平话”三个方言区。但十区说迄今还未能得到语言学界的普遍认同，当前汉语方言的分区使用最多的仍是“七大方言”说。由教育部推荐作为全国大学使用教材的《汉语方言及方言调查》（詹伯慧主编）就一直沿用汉语方言七区说。

不同的方言区有各自不同的语言特色，同一方言区中的不同地点方言也可能出现一些独具个性的语言特色。无论是语音、词汇还是语法，都可以说是百花齐放，各呈异彩！下面略举数端，以见一斑。

语音方面最引人注目的是声调的差别，各地方言声调数目多少不一。北方方言声调较少，一般以 4 至 5 个声调为主，大多缺少入声，个别地方甚至少到只有 3 个声调（如银川、天水）；南方方言声调较多，一般都有入声，以 6 至 8 个最为普遍，唯有粤语声调多达 9 至 10 个，香港和广州都是 9 个声调，而广西南部某些地方的粤语，如玉林、博白等地，则多达 10 个声调。我们常听到有人说，用粤语读唐诗比较好听，这话有一定的道理，正因为当代粤音较多保留了中古时期的音韵系统，声调方面又完整地承传了古代的平上去入系统，唐诗押韵讲究平仄，用完整保留平上去入系统的粤语来朗读，自然就会悦耳一些。

方言的特色反映在词汇方面尤为突出。南方的吴、粤、闽等方言给人的印象跟北方方言差别很大，突出的表现就在于用词的不同。拿当今的粤语来说，保留了一大批古汉语的词语，吸收了一大批英语的词语，再加上历史上因不同语言接触而带来的一些源自“百越”的词语，这样就拼凑成了与众不同的三不像“大拼盘”。单拿保存古词古义来说，今天粤语中使用频率很高的生活用语“饮”（喝）、“行”（走路）、“畀”（给予）、“衫”（衣服）、“睇”（看）、“颈”（脖子）、“翼”（翅膀）、“索”（绳子）、“卒之”（终于）等，不胜枚举。还有许多粤语区民众自造的方言词，如“嘢”（东西）、“餸”（下饭的菜肴）、“嘥”（浪费）、“叻”（能干）等。据统计，粤语的日常用语，与其他方言不同的少说也占粤语词汇总量的三分之一以上。这就难免使不懂粤语的人感到难以沟通了。

我们说方言承载地域文化，方言反映地区风貌、民间习俗乃至心理状态，这在方言词汇中也得到充分的反映。例如粤语中，就有许多反映水乡的词汇，如“圳”、“涌”、“冲”、“滘”、“湾”、“潭”等，用这类带水旁的字作地名的在粤语区到处可见。又如粤语中一些因“避讳”、“禁忌”而形成的词语，也能叫人马上想到这是“粤语”：忌“血”而叫“红”（猪红）、忌“苦”而叫“凉”（凉瓜）、忌“输”音而改“胜”（“通书”改“通胜”）、忌“蚀”音而改“脷”（“猪舌”改“猪脷”）等。某些很典型的“特征词”，甚至叫人一看就可以断定方言的区属。例如，人们一见带“厝”的地名就可以断言该地属于闽方言区。从福建到广东、海南、台湾等地，尽管都有多种方言，但出现“厝”的地方必为闽语区无疑。有趣的是，同一件事物，不同方言的用词不同，往往也是区分方言区属的重要依据。例如，广东境内粤、闽、客家三种方言鼎立，如果“铁锅”叫“鼎”，那肯定属省内的闽语（东部潮汕话或西部雷州话），因为如果是粤语，就会叫做“镬”而不会叫做“鼎”。

方言之间语法的差异相对较小，但还是存在不少令人瞩目的现象。例如，人们常说粤语中有部分表先后次序、数量的状语后置的现象，如“我去先”、“呢学期上多一门课”等；又如双宾语的次序，粤语的特点是指人宾语在后，指物宾语在前（我送本书小刘）；还有在名词、动词和量词的配搭上，粤语也明显存在着许多与众不同的特点，如一张刀、一架汽车、一笃屎、一抽锁匙、一单生意、一啖饭、一辘蔗、打一餐、行一匀、做一轮等，都显示出地方特色。据各地方言调查的材料，量词作为汉语语法的一大特色，在各地方言中千差万别，出现了许多令人诧异的现象。例如，客家人用“只”来称人（班上有几多只学生），未免令人感到有点“不恭”，但当地人都这样说，约定俗成，也就不觉得有什么不妥了。大家都知道汉语中表人的名词和代词可以加“们”表示多数，这个“们”近似英语的 s，但又不完全等同于 s，关键在于除了表人外，表物就不能出现多数加“们”的现象。可是，经过方言学者的调查，现在竟发现甘肃省的兰州方言和河北省的藁城方言中，就扩大了“们”的使用范围：兰州有“肉们”、“米们”之说，藁城有“树们”、“衣服们”的说法。可见，一经深入调查发掘，方言中各种稀奇古怪的语言现象就都浮现出来了。本文限于篇幅，只能略举数例，意在引起大家注意，汉语方言中蕴藏着许许多多有待调查、有待研究的语言资源，正等待我们去撩开它们神秘的面纱呢！

中国语文工具书

自古有言:“工欲善其事,必先利其器。”可见要成功办成一件事情,好的“工具”是必不可少的。这里所说的“工具”当然是泛指的。做不同的事需要有不同的工具,就读书学习、调查研究、科学实践等文化科技领域方面的事情来说,要达到预期的目标,要取得较好的成效,同样需要各式各样相关的工具来配合。缺乏良好工具的帮助,轻则举步维艰,事倍功半;重则一筹莫展,徒劳无功。

人们走进学校的图书馆或坊间的大小书店,琳琅满目、厚薄不一的各种工具书总是占据着显著的位置,说明在浩瀚的知识海洋中,工具书对于不断摄取所需知识的人来说,有着重要的意义。工具书一直被认为是“知识宝库的钥匙”,它为人们生活、工作提供及时而切实的帮助，让人们在节约时间、节省精力中不断补充知识，增长才干，提高学习、工作的效率，也提高生活的素质，堪称“人们的良师益友”。就中国的语言文字来说，它承载着辉煌灿烂的华夏文明，今天我们要认识、要解读这绵延数千载的中华文化，自然也非借助自古迄今前辈先儒给我们编修下来的工具书不可。当今各级学校的教育，从学童启蒙到大学毕业以至攻读硕士、博士，几乎每一个学习阶段、每一门学习课程，乃至每一个研究项目，都离不开工具书的相伴相助。本文先就工具书的概况及笔者对工具书的理解略作说明，接下来将选取我国工具书发展中几部引人瞩目的古代字书加以论述。

传统的工具书是用语言文字加上必要的插图来表述的。现代科技发达，计算机普及，除了纸质印刷品外，工具书又有了电子版的出现。时下常见的工具书大致有以下几种类型：

第一类，字典词典。这是解释字（词）形音义及其用法的工具书，也是人们接触最多的工具书。从小学生开始，沉甸甸的书包里就少不了字（词）典的影子。字典和词典的区分是汉语的特色。由于汉字不是拼音文字，字和词并非一回事。一个汉字可以是一个词，如大量的单音节词：人、天、我、好、看等；也可以不是一个词，如联绵字“琵琶”中的“琵”和“琶”，就都只是“字”而不成其为“词”。为反映这种字、词的区别，我国现代的语文工具书就有了“字典”和“词典”的区分。在使用拼音文字的国家里，没有“字”和“词”的区别，例如英语只有叫做 word 的“词”的概念，我们的字典和词典在使用拼音文字的地方就被统称为 dictionary 了。其实，中国古代也没有当今所指的“词”的概念，只有“字”的概念，因此古代也不存在“字典”和“词典”的区别，一概都称为“字书”。现代意义的字典、词典，常见的有三种：一种是语文字典、词典，一种是百科字典、词典，还有一种就是专名字典、词典。

第二类，类书。我国传统的工具书中，有一类历来深受知识界重视的特别形式的工具书，是为“类书”。“类书”不同于以字、词为对象，解说字（词）形、音、义的字（词）典。而是按照事物的性质来编排，将各类事物在已有文献中出现过的原始资料一一辑录，按大类、小类等不同层次列出，进而形成一个互相区分而又互相联系、层层递进而又层层统摄的分类系统，便于人们在学习、研究某一特定事物时能够详尽而方便地掌握到相关的资料，了解到相关的情况。我国远在三国魏文帝时就编成了第一部字数达800万的“类书”——《皇览》，此后历代都有“类书”的编撰，其中最著名的大型“类书”莫过于明代永乐皇帝命解缙、姚广孝等编纂的《永乐大典》，此书成于1406年，共22937卷，约3亿7千万字。古代学者编纂“类书”，内容多从史实、典故、名物制度、诗赋文章、丽辞藻语等历史、文化方面着手，内容十分广泛。现代人做学问强调资料的重要性，往往先行编集所需资料作为研究用的工具书，名为“资料汇编”，其实这也就是古代“类书”的发展。

第三类，百科全书。汇集各个学科或某一个学科的基本知识，以条目的形式出现的工具书是百科全书。百科全书的条目是对一个相对独立的概念或知识主题作系统的概述。形式上犹如字典、词典对字目、词条的解释。但百科全书的内容要求跟字典、词典大不相同。百科全书要求有较强的稳定性和较高的权威性。百科全书可分两类：一类是综合性的百科全书，一类是专业性的百科全书。世界各地的学者，为了把各种知识广为推广，传之久远，莫不致力于编纂各种实用的百科全书。18 世纪以来，英国的《不列颠百科全书》、法国的《大拉鲁斯百科全书》等一批大型综合性百科全书纷纷出版。我国尽管历代所编的各种“类书”多少已含有“百科”的性质，但“类书”毕竟只是辑录已有书籍文献中的知识数据，现代科学的知识很少，所发挥的工具书作用跟百科全书还是不一样的。我国正式组织力量开始编纂《中国大百科全书》，还是 20 世纪 70 年代中期以后的事。1978 年开始，集中数以千计各行各业专家学者的智慧，经过逾十载的努力，终于在 80 年代后期陆续编就出版了八十卷《中国大百科全书》。百科全书兼具学术性与可读性，既是为使用者释疑解惑的工具书，也是为广大读者提供系统知识的教科书，因此，百科全书有“没有围墙的大学”的美誉。

字典、词典和百科全书是使用频率较高的工具书。此外，还有年鉴、手册、名录以及一些以索引（Index）、书目、图表等名目出现的各种具有工具书性质的专书。这些专书各有各的作用，是一般的字典、词典不能完全代替的。拿年鉴来说，它系统汇集一年内有关事物或学科的进展情况、重要文献及统计资料，对于了解这一年的相关情况、研究这一年的相关课题来说，作用就十分明显了。

我国古代的字书源远流长。春秋战国时期就有人编纂识字课本一类的书籍，那可算是字书的萌芽。最早一部识字课本是周宣王时代（公元前827—782）太史籀编的《史籀篇》，其后秦代李斯奉命编的《仓颉篇》、汉代史游编的《急就篇》等，也都是把常用字编成便于记忆的文字形式，不加任何注解，这些都可以看作是早期具有字书性质的书籍。从这类识字课本开始，后来就逐渐形成以文字的形、音、义为对象的三大门类的古代字书。这三大门类一直是中国字书发展的主流，并逐渐形成为中国传统语文学的三大支柱：训诂学（字义）、文字学（字形）和音韵学（字音），为清代中国传统学术的蓬勃发展创造了良好的条件。时至今日，文字、音韵、训诂的研究仍然是中国语言学的重要组成部分。五四运动以后，随着社会政治文化的急剧变化，科学民主思想的巨大影响，各种新的文化、新的知识、新的科学如雨后春笋般涌进中国，语言文字也在发生变化。人们为了跟上时代前进的步伐，需要更广泛地摄取各方面的知识，旧有的字书明显适应不了社会的需要。在这种形势下，一方面继承古代字书编纂的优良传统，一方面广泛借鉴国外辞书编纂的经验，中国语文工具书的编纂日渐突破传统字书的模式，从内容到体例都出现了完全崭新的面貌。以字典、词典为代表的现代工具书编纂事业经过近百年的努力，如今工具书的出版在我国出版物中已占有相当大的比重，与日俱增的中国工具书跃居世界前列，中国已名副其实地成为工具书出版的大国了。

中国古代的字书（上）

前面一篇在概述中国语文的工具书时，我们提到中国古代无所谓字典、词典之分，因此，对于古代的语文工具书，一般总是笼统地称之为“字书”。在中华文化发展的历史长河中，出现过不少具有字典、词典性质的字书。这些字书又大都围绕着传统语文学的范围来汇集数据，编纂成书。传统语文学源远流长，著述丰富，通常被称为“小学”，包括三大门类的学问：训诂学、音韵学和文字学。古代的字书一方面体现训诂、音韵、文字的研究成果，一方面又反过来给训诂、音韵、文字的研究提供服务。20 世纪 90 年代出版了一部由许嘉璐教授主编的《传统语言学辞典》（河北教育出版社，1990），该辞典作为研究我国传统语言学的工具书，收录四千多条词目，其内容主要涵盖训诂、音韵、文字三个“小学”的分支，外加一部分以《马氏文通》为主的、明清以来一些类似现代语法方面的词条。

在众多古代的语文工具书中，有不少在我国传统文化发展中影响很大，发挥着重要的作用。本文以及下一篇将举出几部影响极大的古代字书，作简要阐述。现在先来谈谈《尔雅》和《方言》这两部重要的典籍。

《尔雅》是中国古代第一部解释字义的字典，是传统训诂学研究最早的重要典籍。研究词典发展史的人认为，它还是世界辞书史上现存最早的一部字典。“尔”是“近”的意思。“雅”是“正”的意思，古代官方规定的语言叫“雅言”，犹如今天我们说的规范语——普通话。“尔雅”意为接近规范的“雅言”，反映出当时人们要求语言应用规范化的意识。《尔雅》开创了用当时人们通用的语言对存在于文献中的难词难句进行诠释的先例，也开创了按文字内容性质分类解释词义的体例，被誉为传统“小学”中训诂学科的开山之作。《尔雅》的作者历来说法不一，现代学者一般都认为《尔雅》成书不晚于战国时期，并非一人独纂，而是经过相当长时间的积累、递加、增补，最后才成书的。期间汉代的学者可能也做过许多增益递补的工作。根据《汉书·艺文志》的记载，《尔雅》现存三卷十九篇，即释诂、释言、释训、释亲、释宫、释器、释乐、释天、释地、释丘、释山、释水、释草、释木、释虫、释鱼、释鸟、释兽、释畜。《尔雅》辑录的大量古代语词，主要来自秦汉间的语言。在辑录整理中，作者不但说明词的意义，还给读者提供广博的知识。《尔雅》的释义方式是直接用通用的语词去训释古代语词的词义，不需要借助字音或字形来解释字义，这反映出早在两千多年前，中国字典的编纂就已经达到相当高的水平。由于《尔雅》内容丰富且涉及面十分广泛，跟多个学科都有密切的联系，因而它的流传很广，影响很大，千百年来一直是备受推崇的一部古代典籍。汉代以后，不断吸引着历代的学者从各个方面对它进行研究和增补、注疏等，产生了一系列有关《尔雅》的著作。被录入当今《传统语言学辞典》中的这类著述就有59种之多。

《方言》，全称是《輶轩使者绝代语释别国方言》，它不但是我国第一部方言字书，也是世界上第一部方言比较词汇集。“輶轩”是古代一种轻便的车，相传周秦时代天子、使臣常常坐着这种轻便的车到各地“考八方之风雅，通九州之异闻”。“绝代语”指古今差别较大的词语，“别国方言”指各地存在语言差异的不同词语。《方言》相传为西汉末年的文学家、哲学家扬雄（公元前53—公元18）所撰，但《汉书·艺文志》和《扬雄传》中都未提及扬雄编纂《方言》之事。看来可能此书并非扬雄一人之作。扬雄之前或有人收集过这类资料，也有人加以整理过。扬雄谅必看到这些资料，在此基础上继续调查、收集、整理，辛勤工作近三十年，才终于编成这部辉煌的著作。

《方言》一书收录的是周末和秦汉的方言材料，当初成书9000多字，今本《方言》有11900多字，包括词条658个，其中部分字可能为后人所增。扬雄调查方言的态度十分认真细致，书中所收各种方言术语，大体上参照《尔雅》的体例采用分类的方法将每一个词条按义类归入十三卷中。《方言》解释词语的方式有两种：一是举出一个词作为标题性语词，然后把各地不同的词罗列出来，即所谓的“标题罗话法”；二是先列举一些同义词，用一个通用的语词来解释，接着就指出哪一个同义词属于哪种方言。

《方言》所收集的材料非常广泛，既反映了方言间的差别，又指明方言间通行的范围。主要有以下几类：①通语、凡语、凡通语、通名、四方之通语——指的是各地共通的词语，类似当今的“普通话”；②某地语、某地之间语——指的是通行区域较狭窄的地方方言；③某地与某地之间通语——指的是通行地域较广的方言；④转语、代语、语之转——指的是由同一词语分化而成的有语音差别的方言词；⑤古今语、古雅之别语——指的是古代不同的方言。

《方言》被誉为中国语言学史上“悬之日月而不刊”的著作，其突出贡献在于：①重视民间口语，能以活的语言材料作为调查研究的对象，这和今天的方言调查理念是相同的。两千年前的学者能持这样的观点，实在难能可贵。②以语词作为调查研究对象，不受文字的限制。由于不受文字的束缚，有些字只有标音的作用而不能单独表达词义，这说明汉语的书写文字不能等同于汉语的语词这一“字词有别”的实际情况在《方言》中已有所反映，两千年前《方言》的作者调查方言已具有一定的语言学观点。③既看到方言的复杂性，也看到方言的一致性。《方言》第一次触及方言的分区和“通语”的概念，作者不但能在错综复杂的方言现象中找出其存在的共同因素，也能考虑到方言词语出现的频率及意义的转变，并用“通语”一词来代替以往的“雅言”，这是具有理论创新意义的。④在编纂方法上相当具有科学性。它的体例既看重空间的比较，又顾及不同时间的异同；既尽量罗列特殊的方言词语，又注意条分缕析，异中求同，使所揭示的方言现象既有明确的特征，又有一定的区界。

《方言》虽然只有一万字左右，却能为汉语史的研究提供许多重要的资料，对后人探讨汉代方言与通语的异同、了解古音和古义等都发挥了重要的作用。

中国古代的字书（下）

现在让我们来看看另外几本影响很大的古代字书：《说文解字》、《玉篇》和《广韵》。

《说文解字》与前面论及的《尔雅》和《方言》，它们都具有“世界之最”的美誉。《尔雅》是“小学”中训诂的鼻祖。《方言》的体例沿袭《尔雅》，内容也以解释词义（方言）为主，因此也可以大致归入训诂的范围。“小学”中另外两大门类是文字和音韵。这里要说的《说文解字》，就是文字学方面的开山之作，也是我国最早一部以汉字的形、音、义为对象，分析字形、考查字源、辨释音读、解说字义的字典。它的问世对我国传统的语言文字研究和字典的编纂都产生了极其深远的影响。《说文解字》诞生后，中国才逐步发展出围绕着独特汉字而建立起来的一整套具有民族色彩的语文学科——中国文字学来。

《说文解字》为东汉许慎所著。书成于和帝永元十二年（100），到安帝建光元年（121），许慎于病中命子许冲将此书进献汉安帝。许慎在自序里述说编纂《说文解字》的旨趣，并把此书何以名为“说文解字”作了说明。他说：“仓颉之初作书，依类象形，故谓之文。其后形声相益，即谓之字。字者言孳乳而浸多也。”“文”指的是整体象形表意的字，“字”指的是结构中既表形又表声的合体字，也就是所谓的“形声相益”了。因此，许氏把此书名为《说文解字》，后人简化而称之为《说文》。《说文》有严整的体例，全书 14 篇，另卷末叙目 1 篇，共 15 篇。书中以小篆为主体。从字体结构出发，根据不同的偏旁，全书分为 514 部，把 9353 个篆文归入这 514 个部首之中：“分别部居”、“据形系联”。它所创立的这一偏旁部首编字法，成为后世以至现代字典编纂中字目排序的主要方法，可说是当今字（词）典“部首编排法”的始祖。《说文解字》

最大的特点是从字形的分析上建立起一套汉字的形声系统，依据以形为主，从形入手进而因形说音说义，溯本求源而指明本义。许慎分析字形根据“六书”说（六书：指事、象形、形声、会意、转注、假借），每一篆文下先言义，后言形体结构，最后或说明读若某。小篆之外，如有籀文、古文异体，则列其下，名为“重文”。“重文”共有1163个，既有先秦文字，也有汉代以后新产生的字，这就为后人研究汉字的历史发展提供了十分宝贵的资料。《说文》问世之后，对它进行研究成为“小学”中的热门学问。清代是我国传统“小学”最为鼎盛的时期，研究《说文解字》的著述就有200部以上，可见《说文解字》影响之大。

古代字书的编纂，在前述《尔雅》、《方言》、《说文》的基础上，进一步向服务于实际需要的方向发展。其中最为突出的是一些韵书的陆续出现，而以楷书为依据，对《说文解字》的部首略有增补（比《说文》多两部），部首排列次序完全按照义类相近程度安排，并运用“反切”注音的我国第一部楷书字典——南朝顾野王（519—581）编纂的《玉篇》于梁武帝大同九年（543）诞生。《玉篇》的出现使我国古代的字书在注音和释义方面都有了明显的突破。此后，在唐宋之间也曾出现过一些正字法的字书。用标准字体、使用规范楷书逐渐成为字书编纂的路向。《玉篇》作者当年编纂此书的动机是想纠正当时语言文字使用中的混乱现象。顾野王在自序中说："六书八体，今古殊形。或字各而训同，或文均而释异，百家所谈，差互不少。字书卷轴，舛错尤多，难用寻求，易生疑惑。猥承明命，预揽过庭，总会众篇，校雠群籍，以成一家之制，文字之训以备。"这说明他要综合众书，网罗训释，以成一家之言。

原本《玉篇》收 16917 字，凡三十卷，比《说文》多 7564 字。顾野王年仅 24 岁，撰成后，太宗命萧恺等人增改；唐高宗上元元年（674）又经孙强增加字数，删削注解；宋真宗大中祥符六年（1013）再由陈彭年等重修，删去原书不少内容，称为《重修大广益会玉篇》，就是现在流行的这个本子。清末黎庶昌出使日本，在东京发现《玉篇》唐写原本残卷四卷，仅为原书十分之一二，将之刻印为单行本带回国内。《玉篇》的编纂参照《说文》，但与《说文》大有不同。《玉篇》对字只释音义，不再采用“六书”说分析字的形体，每字先以反切注音，再解释字义。有的引用《说文》，并尽可能引用例证，不讲求字的本义，有多义的字把它一一列出，这与《说文》的做法是完全不同的。就字书的实用性和普及性而言，《玉篇》无疑是优于《说文》的。

前面论及古代几本重要的字书，都属于“小学”中“训诂”或“文字”方面的。现在要谈的是音韵方面一部重要的传世之作——《广韵》。《广韵》在中国传统语言学中占有突出的地位，它是中国现存最为完整的一部韵书。凡是涉足中国音韵学，论及中国古代语音的人，都免不了要跟《广韵》打交道。

谈论《广韵》，得先从音韵研究的兴起说起。随着不同民族、不同语言的接触和交流，特别是佛教的传入，带来了佛经翻译的需要，韵书因而开始出现在传统语言学的平台上，发挥着训诂学、文字学无法代替的作用。在魏晋南北朝时期，已有了韵书的出现。到了隋朝，陆法言在颜之推等学者的推动下，潜心研究音韵十余载，参考古今韵书，终于在隋文帝仁寿元年（601）编成《切韵》五卷。《切韵》是中国韵书发展史上承前启后、继往开来之作。唐宋以后，各种韵书及诗韵都是继承《切韵》系统，今人考求上古时期古音，调查各地方言，也都以《切韵》为桥梁。可是，《切韵》久已失传，唐中宗时王仁煦作《刊谬补缺切韵》有完本流传。清末和20世纪初都曾先后有人发现一些唐五代写本的残卷或残页。《切韵》经过唐天宝（742—756）孙愐改订为《唐韵》，随后李舟又订正《唐韵》作《切韵》，调整词目次序。孙、李的韵书也已佚失，只剩残卷。最终到了宋代，才由陈彭年等奉诏加以增广，编成了集前代韵书大全的《广韵》，全名为《大宋重修广韵》，全书五卷，分206韵，其中193韵来自《切韵》，因此，后世言及《切韵》系统，就都以《广韵》一书为代表。《广韵》收字26194个，其中不少是奇字、怪字、冷僻字，注文191692字。

由于注解烦琐，元代人根据宋本删削韵字及注文，刊行略本《广韵》。《广韵》现行版本，多在韵目下注明“独用”或“同用”，这大概反映当时读音的实际情况。《广韵》以后的韵书，多沿袭此原则，将可以合拼的韵部尽可能合拼起来。总的来说，《广韵》是我国现存最重要、最完整的一部韵书，它保存了魏晋唐宋间的语音，即现在一般所说的中古音，这就为后人探索研究上古音系、认识现代语音的发展提供了大量的信息和数据，也为我们认识当今各地方音与古代语音之间的继承发展关系架起了桥梁，成为研究汉语语音发展史乃至整个汉语发展史所必备的工具书。《广韵》虽是音韵词典，因其保存了大量古代的语词，可说既是古代韵书，也是古代词书。

见证文化建设的辉煌：六十年辞书编纂成就斐然

在迎接祖国六十周年大庆之际，各行各业都在回顾各自领域六十年来的伟大成就。就文化教育的发展来说，各类辞书的编纂工作突飞猛进，出现了一批前所未见的皇皇巨典，填补了我国辞书中的许多空白，摘掉了长期被讥为“国家大、字典小”的帽子，① 昂然进入世界辞书大国的行列，成为六十年文化建设中具有标志性意义的辉煌成果。下文略举一些这方面的情况：

---

① 新中国建立后，很长一段时间我国未启动大型辞书的编纂。曾经有国外人士在访华时询问我国字（词）典编纂出版的情况，那时候只能出示一本建国后新编的《新华字典》，因而有了“国家大、字典小”之说。

一是从《康熙字典》、《中华大字典》到《汉语大字典》。

尽管我国历史上出现过不少有影响的字书，但第一部以字典命名的字书却是清康熙五十五年（1716）才编成的《康熙字典》。这部在我国历史上影响很大的字典正文收字 47035 个，连同《补遗》、《备考》等，共收单字 49003 个，堪称中国字典史上第一部收字最多的字典。此前在其他古代字书中无法找到的字，凡古代经史子集中的僻字、怪字，大都可从《康熙字典》中找到。我国字书发展到了《康熙字典》，可以说已基本定型，包括每个单字的形、音、义，《康熙字典》都已有所反映。《康熙字典》面世后约 200 年，一部反映中国传统字书向现代字典过渡的《中华大字典》于清宣统元年（1909）开始编纂，历时六载才得以杀青，1915 年由中华书局出版。编纂《中华大字典》的目的是想在《康熙字典》的基础上有所增补，有所改进，纠正《康熙字典》存在的某些缺点。在收字方面，它比《康熙字典》多收 1000 余个，收入了近代方言字、新创科技字和翻译用新字等；在注音方面，它以《集韵》为主，《集韵》没有收集的字就用《广韵》或其他韵书注音。除注明反切外，还根据《佩文韵府》106韵标明韵部，并在每个字后加注直音；在释义方面，它分项解说字义，先列本义，其次为引申义和假借义，各义项间用数目字表明顺序；在排检方面，在沿用《康熙字典》214部首的基础上，调整了部分部首的排列顺序，将有联系的相同笔画部首的字排列在一块儿，对形体相同而音义俱异的字另立条目。以上几个方面反映出《中华大字典》是《康熙字典》以后我国对辞书的编纂进行革新的第一部字典，它起着承前启后的作用，也从一个侧面反映出我国"小学"（文字、音韵、训诂）的研究在清末民初所达到的水平。

《中华大字典》诞生以后，长达几十年的时间内，一直没有大型的字典产生（《辞源》、《辞海》是词典而不是字典），直到20世纪80年代，我国字典的编纂才一跃而登上一个汉语字典编纂的新高峰——诞生了经过十五载辛勤努力终于编成的八大卷《汉语大字典》。这部字典收字54960个，比此前日本编纂的《大汉和辞典》（收单字48960个，词条526500条，1955—1960年出版）和台湾出版的《中文大辞典》（收单字49905个，词条370000条，1962—1968年出版）收录的汉字还多。《汉语大字典》问世后，以其收录汉字最多，在现代中华文化建设中具有重大历史意义而名列“吉尼斯世界纪录大全”。《汉语大字典》始编于20世纪70年代中期，在中央有关部门的大力支持下，调集四川、湖北两省300多位语文工作者，历经十五载的辛勤，终于在1986—1990年间以八大卷的规模陆续出版问世。它在革新和扩展《康熙字典》的基础上，融入了现代辞书的理念，以“古今兼收，源流并重”为编纂的总方针，广泛吸取历代各种字书编纂的经验和长期以来中国语文学研究的丰硕成果，并充分利用两千多年来浩如烟海的丰富历史文献资料，结合现代语言文字学的理论方法，从而在收字、解形、注音、释义、举例等各个方面都超越此前已刊的各种大小汉语字典，显示出它在“新、准、全”上所具有的权威性。《汉语大字典》被誉为“文化的长城、汉语的丰碑”，作为六十年来中国文化建设事业的标志性成果之一，是当之无愧的。

二是从《辞源》、《辞海》到《汉语大词典》。

在词典方面，早在新中国建立之前，我们就曾有过于1915年出版的主要收录古汉语词汇的辞书《辞源》和1936—1938年出版的包罗各类知识、收录大量语词的综合性辞书《辞海》先后面世，深受社会欢迎，“五四”后在我国的文化发展事业中发挥着工具书的重要作用。20世纪70年代中期，随着学术振兴时代的到来，国家提出了新编和改编100多部中外语文辞书的宏伟规划，① 作为《汉语大字典》姊妹篇的大型新编辞书《汉语大词典》也开始编纂。这部“巨无霸”型的辞书，其规模是此前的《辞源》、《辞海》所不能比拟的。从参与的人员来看，《汉语大词典》调集起包括400多位学人组成的庞大的编纂队伍，在统一规划下分工协作，设于山东、江苏、安徽、

---

① 1975年在广州举行的“全国语文辞书规划会议”，确定由华东五省（市）协作新编大型辞书《汉语大词典》，与由湖北、四川两省协作新编大型辞书《汉语大字典》同时上马启动。

浙江、福建和上海的编写组同时开始操作，同心同德，善始善终，经历了上十载的漫长岁月，终于在1986年出版了这部总计13卷的大词典中的第一卷。它跟《汉语大字典》相同的是都要贯彻“古今兼收，源流并重”的编纂方针，但“字典”与“词典”毕竟不同，《汉语大词典》收录的汉字只有22000多个，远不及《汉语大字典》多，而录入的词目却有约37万条，全书总字数达5000多万，堪称我国辞书史上规模最大的一部词典。

《汉语大词典》作为一部巨型辞书，它具有一些明显的特色：①条目的安排按照“以字带词”的原则，将多字条目置于单字条目之后，同一单字起首的多字条目按第二字笔画数和起笔笔形顺序排列。② 字体是繁体与简体并用，单字与多字条目一律以繁体出词，在单字条目后用｛｝夹注与之相应的简化字。释义则用简化字。③ 注音在单字后依次标注现代音与古音，现代音用汉语拼音，古音以中古音为主，用反切标注。与《汉语大字典》不同的是，《汉语大字典》除标中古音外，还标出上古韵部，《汉语大词典》则不标上古音。④释义力求义项完备，释义准确，注意兼顾历史与现状。引证也十分丰富。⑤在条目的关联方面，《汉语大词典》用条目之间的关联形式来表现两个以上条目之间的内在关系。《汉语大词典》涉及的知识面极为广泛，它只收汉语的一般用词，不收不属于一般语词范围的专科词，所收单字以有文献、例证者为限。为此编纂者制作了七百多万张数据卡片，所引例证都是从古今著作原书摘录下来的第一手数据，准确性与可靠性都毋庸置疑。

《汉语大词典》和《汉语大字典》这两部皇皇巨著的编写过程也是培养辞书编纂人才的过程。这样巨大的辞书编纂工程，既能够大力促进汉语言文字研究工作的发展，也能培养出一批高素质的辞书编纂人才。出辞书，出人才，出经验，真可谓“一箭三雕”。

六十年间我国辞书编纂事业的辉煌成就，自然不仅表现在胜利完成了编纂《汉语大字典》和《汉语大词典》这两部有标志性意义的大辞书，也还有一些同样值得大书特书的辞书编纂伟业，如我国有史以来第一套共80卷的《中国大百科全书》和第一套记录全国各地汉语方言共42卷的《现代汉语方言大辞典》也都在20世纪90年代出版问世，这些无疑都是载入我国文化建设史册的巍巍丰碑。限于篇幅，我们就不再一一叙述了。总而言之，我国辞书建设从小到大、从寥若晨星到繁星璀璨，堪称共和国六十年来文化战线战果辉煌的有力见证。

杂议香港的“社区词”

——兼评《香港社区词词典》

香港是个语文应用多元化的现代化社会，日常使用的语言种类繁多，除了作为主流交际语“三语两文”中的粤语（广东话）、普通话和英语外，在市井中还常常可以听到各式各样的方音：有说潮州话的，有说闽南话的，有说客家话的，有说上海话的，有说海南话的，……此外，香港这个国际性大都会还居住着数以万计的非华裔族群，他们也各自说着自己的母语：印度语、巴基斯坦语、孟加拉国语、阿拉伯语等。值得注意的是，在使用人数最多、社会通行率最高的香港粤语（广东话）中，存在着许多令人瞩目的语言现象，跟其他地方的粤语（广东、广西）有很大的差别。特别是在词汇方面，由于香港社会历史背景特殊，而当今社会发展又特别急速，新词新语不断涌现，更使得香港粤语常有新鲜的血液补充进来，其中尤为突出的要算所谓“社区词”的层出不穷了。

说起这“社区词”，人们难免会想到另一个大家比较熟悉的词汇概念“方言词”。通常人们把只在某种方言中通行的、有别于民族共同语的词语视为方言词。粤方言是通行地域较广、使用人口较多、社会影响较大的一种“强势方言”，在它丰富的词汇中，就包含各式各样的方言词语。一些专门汇集粤方言特有词语的辞书，收词的数目少的两三千个，多的达到五六千个甚至七八千个。就以最具香港特色的《港式广州话词典》（张励妍、倪列怀编著，1997）来说，收录的粤方言词语多达7000多个，其中香港地区独有的粤语词就约有2000个。在统计数字面前，人们难免会问：这里面到底是些什么样的特殊词语？是不是每一个词都属货真价实的本方言特有词？面对这一现实，如何回答这类质疑就成了粤语研究者和粤语使用者常常议论的话题。“社区词”的概念正是近十多年来在方言词的议论中提出来的。

这是一个崭新的概念，是一种紧扣现代社会脉搏、与现代人们生活密不可分的语言现象。它突破了长期形成的汉语词汇结构的格局，给汉语词汇的研究和应用注入了新的内容。认同“社区词”的学者，把“社区词”和方言词、古语词、外来词等同样作为语言词汇总构架中的组成部分。“社区词”的出现正是词汇紧随社会发展而发展的具体体现。没有不同“社区”的普遍存在，自然就不可能有这么多反映不同社区生活的特殊词语产生。而这些植根于社区居民，反映社区政治、经济、文化生活的词语，显然跟一般植根于方言地区，反映地域性特征的方言词语是不能完全等同的。由此可见，不同地区的社会交际语，既会有方言词，也会有“社区词”。一方面“社区词”可以同方言词一起作为方言中的特有词语，“社区词”跟方言词交织在一块儿，往往难分彼此。举例来说，香港粤语中一些日常生活用语，如反映香港特区居民中特殊人群的“菲佣”、“印佣”等词，乃至流行一时的“太空人”和曾经闹得沸沸扬扬的“船民”这样的词，称得上是“社区词”，但在外地人看来，它们又何尝不是香港特有的方言词？另一方面，“社区词”既然与方言词不能等同，自然也就可以打破地域的界限，不一定只出现在某一种方言中，这样的“社区词”跟方言词不会搅在一起，倒可以说是比较地道的“社区词”了。例如，在新加坡有着来自中国内地各地的华人，他们说着各种汉语方言，代代相传。可是，新加坡政府长期以来在华人中推行等同于中国普通话的“华语”，取得了明显的成效。而新加坡华语中也出现了一些反映新加坡社会的特有华语词汇，并不属于新加坡某一汉语方言的方言词，也是中国内地以及香港、澳门、台湾等地区华语中未见的，这类词语就该算是新加坡华语的“社区词”了。例如“组屋”（相当于香港的“公屋”）、“巴刹”（相当于香港的“街市”）、“德士”（相当于香港的“的士”）等，称之为新加坡华语的“社区词”，我看就比较合适了。

总的来说，大量方言词和“社区词”经常交织在一起，确实不容易在两者之间划出一条泾渭分明的界线来，往往同一个词既可视为方言词也可视为“社区词”，关键在于从什么角度切入来认识：从不同的地域性出发来看，某词可认为是方言词，但从不同的社会性出发来看，这同一个词又可能被认为是“社区词”。例如，汉语中有“小区”一词，香港粤语中有“屋村”一词，从不同地域方言的角度来看，“屋村”相当于内地城市中居民居住的“小区”，可说是香港的粤语方言词；但是，从特殊的社会历史背景来考察香港粤语中出现“屋村”一词的原因，这也应该可以算是“社区词”了。可以说，典型的方言词反映语词的地域性特征，典型的“社区词”反映语词的社会性特征。在词汇比较丰富的方言中，往往并存着一些典型的方言词和一些典型的“社区词”，共同组成独特的方言词汇体系。因此，对一种方言的词汇进行深入的研究，就有必要同时关注该方言词汇中的方言词和“社区词”，只有两者兼顾，才能把该方言的词汇特征较全面地展示出来。就香港这个语言情况复杂的粤方言地区来说，在审视其与众不同的语言现象时，引入“社区词”这样一个富有时代气息的新概念，我看是有必要的。

据我所知，最先提出“社区词”概念并加以理论阐述的是香港学者田小琳教授。早在十多年前，她就从香港的语言实际出发，认真考察、剖析社会上形形色色与众不同的词语，发现其中源自社会政治、经济、文化制度的不同和语言使用者社会背景、心理感受的差异而形成的一些流通于一定社区人群中的语词，有别于人们在日常工作生活中常能接触到的方言词，她感到这部分词语不宜于笼统归入到方言词中来，有必要另立一类。经过反复思考琢磨，她在 1993 年就正式提出“社区词”这一崭新的概念，并且着手广泛收集、整理她心目中的香港社区词，开始对香港社区词作深入的研究，此后接连写了多篇关于“社区词”的论文，阐述她的观点和理据，颇受语言学界的瞩目。在此基础上，她潜心编纂《香港社区词词典》，经过多年努力，如今这部反映香港社区词面貌、收词约 2000 条的词典终在国庆六十周年前夕由商务印书馆（北京）出版问世，和读者见面了。如前所述，我对“社区词”的概念深为赞赏，但始终还是缺乏足够的感性认识，对于在粤方言词汇中哪些可以归入社区词、哪些仍然只能算是方言词，心中也还没有十足的把握。如今有了这本词典，总算有了一个依据，在举棋不定的时候，翻一翻田教授这本词典，把握性就大多了。应该感谢田教授，她为香港粤语词汇的研究和应用做了一件有突破性意义的好事。

在这本词典中，我们可以看到许多典型的“社区词”，这些“社区词”都是生活在香港这个“大社区”中的民众十分熟悉的，但对于同属粤方言区的珠江三角洲民众来说，却不免感到生疏，这正好说明“社区词”不等同于方言词。例如：看更（大厦或公共场所的护卫员）、街市（政府兴建、管理、出租的有固定摊位供小商贩摆卖的市场）、唐楼（没有电梯的旧式楼房，一般不超过六七层，多建于20世纪四五十年代）、居屋（政府根据“居者有其屋计划”兴建后出售给符合一定条件居民的住宅）、强积金（政府为了让雇员老有所养而强制性要求雇主和雇员按雇员工资比例缴纳的资金，类似内地的“公积金”）、车长（对香港地区巴士司机的称呼）、长俸（公务员享有的退休金，退休时一次性发给的一笔款项。领取长俸后还可逐月获取按原工资一定比例发给的工资福利）、太平绅士（香港政府给那些对社会贡献良多的人的奖励性头衔。实际上就是“香港政府治安委员会委员”的称呼）、特首（香港特别行政区行政长官）……还有一些香港特区特有事物的叫名，如惩教署、百万行、草根阶层、勾地、生果金、综援、徙置区、沙展、社工、楼花……这许许多多的“社区词”，离开了香港这个特殊的社会环境，也就听不到了。这些“社区词”是词典的编者花了大量的心血，根据二十年来香港中文报刊上的语料遴选出来，再通过计算机网络核查了所录词语在60多种报刊上出现的频率后才最后确定下来的。这种孜孜求索的精神，实在值得赞赏。

“社区词”毕竟是词汇学、方言学中的新事物，相关的问题还需继续研究探讨，有时难免也令词典的编者举棋难定，甚或偶有差错，出现纰漏，也是可以理解的。例如，词典中收进一些通用于整个粤语区的一般方言词，如拍拖、老公、巴士、的士之类，有没有必要？又如一些在汉语中经常用到已不属于某个方言中特有的词语，也作为香港“社区词”被收进来了，如纳税人、私有化、速递公司、欠薪等，我看这也值得斟酌。总的来说，瑕不掩瑜，这是一本值得推荐的辞书，我相信一定会受到香港读者的欢迎。

杂议《通用规范汉字表》

汉字的规范工作早在20世纪中期就开始酝酿。新中国成立不久，在百废待兴的情况下，政府十分重视语言文字工作，把语言文字的社会应用视为文化教育工作中的头等大事，语言文字的规范更被认为是语文工作中的当务之急。规范首先要抓书面语的规范。书面语是通过汉字来表达的。汉字的规范自然就首当其冲，被摆到突出的位置上来了。在考虑汉字规范问题时，面对汉字难认、难读、难写给普及教育、发展文化科技事业带来的困难，对现有汉字进行必要的简化也就理所当然地被提到日程表上来了。

在汉字有必要进行简化的理念下，打从半个世纪以前，政府和语文专业人士就把汉字的简化和汉字的规范化结合到一块儿来研究，在国务院和相关职能部门的组织领导下，汉字的简化工作迅速启动。1950 年 8 月在中央教育部召开的“简体字研究和选定工作座谈会”上，通过了选定简化汉字的原则：①整理已经通行的简体字，必要时根据已有简体字规律加以适当补充；②所选定、补充的简体字，以楷书为主，间或采取行书、草书，但必须注意是否容易书写和便利印刷；③简体字的选定和补充，以最常用的汉字为限，不必为每一繁难的汉字制作简体。随后在征集各方意见以后，再加进一条原则，即选定简体字应该遵循约定俗成的原则。

根据这些原则，经过反复研究，在 1951 年就选定了《第一批简体字表》，其后由中国文字改革研究委员会组织的汉字整理组继续开展简体字的研究、遴选工作，到 1956 年，经国务院会议通过，分四批先后公布推行共 517 个简化汉字。与此同时，整理异体汉字的工作也同步进行，先后在 1955 年和 1956 年拟定了两批异体字整理表（初稿）公布征集意见，在经过反复研究，多次易稿后，最终于 1959 年合并两批，厘定了《异体字整理表》（初稿），共收异体字1034组，合计2858字，淘汰异体字1789个。异体字的整理以“从简从俗”为原则。所谓“从俗”，一要照顾手写习惯，二要去生留熟。通过简化汉字和整理异体字这两项工作，汉字的社会应用面貌焕然一新，汉字规范化的任务可算基本完成，简化汉字作为规范的社会用字很快在海内外广为流通，并得到联合国的认同，作为汉字的国家标准。

社会不断发展，语言文字的社会应用同样也在不断发展。与之相适应的语言文字规范化工作自然也应在语言应用中发展，在动态中进行。近二三十年来，随着我国改革开放步伐的日益加快，科学技术一日千里，建设事业蓬勃开展，语言文字工作牵动千家万户，语文规范与国家现代化、信息化的推进息息相关。客观的需要使社会语言生活也发生了空前深刻的变化，在这种新形势下，五十年前确立下来的汉字规范，不一定能够完全适应现代语言生活的实际需要，因而又有必要重新审视原先确立的规范，考虑在有所承传、有所创新的前提下进行必要的调整和修订。为此，国家再一次组织起一批学养深厚的语文专家，启动了研究、确立通用汉字规范的工程。经过长达八载的努力，终于在国庆六十周年前夕完成了《通用规范汉字表》（以下简称《字表》）的编制，向社会各界广泛征集意见。这是一份回顾半个世纪以来汉字社会应用的实际、展示汉字社会应用新理念和新面貌的规范汉字表，也是自2000年《中华人民共和国国家通用语言文字法》公布以来社会语文工作中最重大的一项举措，堪称汉字规范化工作的新突破、新里程碑。据介绍，这份《字表》运用了几个大型的汉语语料库的材料进行统计分析，确保数据的客观性与科学性，这些语料库包括收集1919—2002年语料9100万字符的《现代汉语平衡语料库》（国家语委）、收集2001—2002年15种报刊语料3.5亿字符的《现代新闻媒体动态流通语料库》（北京语言大学）、收集1951—2003年中小学通用教材及科普读物语料404万字符的《教育科普综合语料库》（《字表》研制课题组）、收集1949年以后出版的适合基础教育阅读的各种体裁儿童文学语料570万字符的《儿童文学语料库》（《字表》研制课题组）、收集1949—2007年中小学语文教材中的文言文语料560万字符的《中小学语文教材文言文语料库》（《字表》研制课题组）等，还有海内外几十个相关语料库的材料，工程之浩大实在非同寻常。2009年8月开始，各省、市语言文字工作委员会陆续召开有各方面相关人士参加的座谈会，征集对《字表》的意见。笔者有幸出席座谈交流，在会上听到包括语文专业、文化教育、新闻媒体、邮电通信、科技计算机、金融经贸、旅游服务、公安户籍、工商管理、地名管理等各行各业人士从不同角度对《字表》提出的看法，深受启发，借此机会谈谈个人的几点体会：

一是《字表》体现国家对语言文字社会应用的一贯重视，在汉字规范化实施几十年后，政府下决心花大力气来重新审视之前汉字规范工作的得失和利弊，也反映出其对待语言文字工作实事求是的科学态度。《字表》遵循与原有规范衔接、维护汉字系统的基本稳定、坚持汉字简化的基本方针，充分考虑汉字构造演变规律和汉字应用的实际，充分吸收汉字研究的最新成果，充分考虑历史形成的习惯和社会可接受的程度，并适当考虑汉字在港、澳、台使用的情况及国际化的需求，这些都是实事求是精神的体现。

二是《字表》中出现一些前所未见的新鲜举措，反映出参与此事的专业人士和语文职能部门在语言文字规范化的研究和实践中有所承传而又有所创新的进取精神，是值得赞赏的。例如，把8300个字分为三级，明确使用频率最高的3500个常用字为一级字，能够满足基础教育和文化普及层面的用字需要；使用频率低于一级字的3000字为二级字；一、二级字表的6500字，能够满足汉语文本印刷出版的需要；其余1800个字列为三级字，主要为姓氏、人名、地名、科学技术术语及出现在中小学语文课本中不属于一、二级字范围的较常见的文言文用字。这样一个三级用字字表的设置，符合汉字应用的实际，有充分的理据和实用的效应；其中第三级1800字中恢复了51个已经淘汰的异体字作为专门领域用字，如姓氏用字，恢复原已作为异体淘汰的“昇”（升）、“龢”（和）、“迺”（乃）、“堃”（坤）等，体现以人为本、“名从主人”的理念，更受到社会各界的普遍认同。

三是《字表》既体现了贯彻学术民主和重大决策征求社会意见的精神，也体现了推进法治的精神。历时八载才完成的《字表》在制定过程中深入调查，反复研究，认真修订，能充分尊重不同的见解；编出初稿后又及时通过各种渠道公之于众，广泛征集各方意见，这就充分贯彻了学术民主的精神和国家重大决策征求社会意见的精神。与此同时，《字表》的制作也体现了法治的精神。2000 年 10 月颁布的《中华人民共和国国家通用语言文字法》规定“国家推行普通话，推行规范汉字”，这一法律使规范汉字进入法律的层面。《字表》的制成为全社会提供了明确的“规范汉字”模板，使国家语言文字法中所指的“规范汉字”落到实处、有所依据，是保证国家语言文字法顺利施行的重大措施。今后社会各个领域，在使用汉字时都要以《字表》为规范，例如户籍管理部门长期以来常为入户者随意取僻字、怪字甚至未见于辞书的自造字而困扰，如今有了《字表》，新生婴儿取名申报户口时，户籍管理部门就可以根据《字表》要求姓名用字不要超出 8300 字的范围，使《字表》具有类同法律的约束力，是“依法使用汉字”的具体范例。

总而言之，这是一份与时俱进、能为当今汉字使用者提供符合汉语应用实际的、具备科学性与权威性的规范汉字字表，使汉字规范化登上一个日趋完善的新台阶。

《字表》对某些问题的处理，在征求意见中也可以听到反对的声音。例如，对 44 个字的字形的调整就议论纷纷，有的网站调查结果显示，大多数网民不赞成对这几十个字的字形进行调整，甚至批评说是“专家穷折腾”。面对网友们铺天盖地的质疑，尽管专家们对此有所解释，但也明确表态字形改不改取决于全社会的实际需要：“我们是真诚地征求意见，不是说坚决不改或者说和大家顶着干。”能听到不同意见是大好事，我想，这样一件事关全社会、影响到每个人日常生活的重大决策，多多考虑各方面汉字使用者的意见，是完全有必要的。相信在国家日益走向民主化的今天，我们的语文职能部门和语文专家一定会虚怀若谷，从善如流。

海外华人使用的汉语及其方言

自古以来，炎黄子孙就遍布海外，浪迹天涯。论及华人漂泊海外的历史，人们往往爱用“有炊烟处有华人”或“有井水处有华人”这类夸张的词语来形容华人在五洲四海生根落地、创基立业的情景。一些研究华人移民史的著述告诉我们，华人早在1000年前就登上了今天东南亚的一些岛国，这在当年阿拉伯旅行家的著作中已有所反映。1937年商务印书馆出版李长傅的《中国移民史》，在这方面就有过详尽的论述。当然，大家都知道，中国人大举移民海外的时间毕竟还是明清以后的事。海外华人到底有多少？近期在一个讨论海外汉语方言研究的研讨会上，张振兴教授援引了20世纪80年代后期几家新闻媒体的统计数字，得出的结论是到20世纪80年代末，大概应是2500万左右。所引《人民日报》海外版1989年3月刊登的数字是2749万人，同年同月《人民政协报》刊出的海外华人数字也是2700万人，而较早几年，《参考消息》1986年12月转载香港《华人》月刊11月所刊《五洲华人分布简况》一文，列出海外各地华人总数则是2200多万。近20多年来，大量新移民离开华夏故土，包括出国留学生在内，使海外华人的数字迅速上升，据2008年新闻媒体的估计，光是美国，可能已有300多万的华人，这个数字比起20世纪80年代末的美国华人数目，要增加200万左右。一般认为，目前海外华人的数目，比起20世纪80年代来，大概会有500万左右的增长，这样一来，目前海外华人，粗略估计也该是3000万人左右了。

这3000万左右移居海外、说着汉语的华人，早期老一辈大都来自中国南方各省，主要是广东、福建和江苏、浙江等省，来自北方的为数很少。因此，我国南方的一些方言，如珠江三角洲、桂南及港、澳使用的粤方言，福建、广东沿海及台湾、海南两个宝岛使用的闽方言，闽西、粤东、赣南、台湾以至散居南方其他地区的客家人所使用的客家方言，江浙等省使用的吴方言，等等，自然也就随着早年移居海外的华人被带进了华人侨居的国家和地区了。尔后这些汉语方言在海外代代相传，落地生根，一直活跃在华人的嘴上，成为华人主要的社会交际工具。聚居海外的华人，往往就以不同语言（方言）作为不同社区组合的条件，同一个华人社区大都说着同一种从祖国带来的乡音——地方方言。据 2008 年新闻网的统计，约 3000 万海外华人所拥有的汉语方言及其分布情况大致是：世界五大洲都有汉语方言的社区，社区总数约在 150 个以上。其中人口超过 100 万人以上的大都在东南亚，如印度尼西亚、马来西亚、泰国、新加坡、菲律宾、越南等国家。亚洲以外则只有美国拥有 100 万以上的华人以汉语方言作为日常交际工具。在海外华人使用的汉语方言中，大概以粤方言和各种闽方言的使用人数最多，各有 1000 万以上，而使用客家方言交际的也有好几百万。使用上述三大方言以外其他汉语方言的，一般都不会超过 100 万人。海外各种各样的华人宗亲社团，例如同乡会馆之类，一般都是以方言作为彼此沟通交往、建立乡谊的纽带。因而海外各种乡亲会馆，也就成为汉语方言的展示厅了。方言是根，海外华人的根就从方言中显示出来，正是这在海外华人中世世代代相传下来的乡音，把漂泊海外的炎黄子孙和故土的亲人紧密连在一起；也正是这饱含乡情的乡音，像磁铁一样吸引着浪迹天涯的海外华人，让他们心心相印，让他们打内心深处感受到乡亲间休戚相关、患难与共的深厚情谊。

总体而言，海外华人社区中使用的“华语”（汉语），历来都以各种汉语方言为主。近百年来国内持续不断地推行全国通用的普通话（国语），似乎不大能够动摇海外华人长期以来使用家乡方言的习惯。20 世纪 50 年代以后，中国内地一次又一次地掀起如火如荼的“推普”高潮，似乎也还没能在海外华人中产生深刻的影响。近几十年由于汉语的应用在世界各地日益受到重视，联合国又把汉语作为六种工作语言之一，汉语的国际地位日益提升，致令许许多多的外国人热衷于学习汉语，也就是学习我国全社会通用的共同语——普通话。在这一席卷全球的“汉语热”此起彼伏的推动下，近期旨在教学汉语、传播中华传统文化的孔子学院在世界各地越办越多，以至时下遍布全球近九十个国家和地区的孔子学院已有280多所，掌握汉语普通话的外国人日渐增多。一直说着汉语方言的千百万海外华人，面对所在国（地区）人民如此热情学习汉语普通话的现实，自然也就不能无动于衷，也就纷纷跟上时代，多少学点普通话了。东南亚一些华人较为集中的国家和地区，许多原来只通行某一种或某几种汉语方言，如今在华人也学起普通话来的情况下，已悄然改变着原先只通行方言的状态，向着既通行某种方言，也通行普通话过渡，使华人社区的语言生活成为“普通话+方言”的双语应用格局了。加上海外华人都必须掌握所在国（地区）的法定语言，他们实际上也就逐步向着同时运用三种语言（方言），即“所在国（地区）法定语+汉语某方言+汉语普通话”的语言生活过渡了。新加坡堪称是典型的例子：这个华人占77%的岛国，原先华人各说各的方言，打从1979年开始，新加坡政府开始在华人中大力推行华人的共同华语，也就是中国的普通话，年复一年，雷厉风行地坚持下来，经过二十多年的持续推广，如今绝大多数新加坡的华人，都习惯了在华人之间使用共同“华语”交流，而各种汉语方言，就只保留为在家庭里和老人、长辈们交谈的语言工具了。这样一来，上了年纪的新加坡华人，只要有相当的文化程度，实际上大都同时掌握英语（工作语言）+华语（华人间使用的社会交际语）+汉语某方言（家庭及乡亲间使用的交际语），过着三语并用、各司其职的语言生活了。

尽管大多数海外华人社区实际上既通行方言又通行普通话，但在外国人的心目中，只有普通话才是汉语的代表，标准的普通话才是外国人要作为外语来学习的中国语言。因此，在国际社会中，汉语方言是没有地位的，也是不受重视的。国外各级学校开设的汉语课程基本上都是以汉民族共同语——普通话及其书面形式——现代白话文为依据的。新加坡是推行双语教育政策的国家，华人既要学英语，又要学华语。这个华语指的自然是“华族的共同语”，就口语而言，指的也就是我们的普通话，和那里华人拥有的形形色色的汉语方言是沾不上边的。在这一点上，汉语方言中最具强势的粤方言似乎有点特殊：据说在美国有的大学在把汉语作为外国语课程开设时，学生除了可以选修标准的汉语课外，还可以选修汉语中的粤语课，也就是说，粤方言同样被视为中国语言的一门课程，修读粤语课也能拿到学分。这反映出粤语是特别受到重视的汉语方言。反观近期内地的对外汉语教学，有的学校也应外国留学生的要求为他们开设粤语课，而香港大学的“语言中心”，更是常年不间断地设有粤语课程，这不也显示出粤语在汉语诸方言中特别引人瞩目的“强势”地位吗?

跟进语文发展，善待语文资源

——跟青年朋友谈语文学习

一

光阴似箭，踏入庚寅虎年，我这老头儿不知不觉就跨进八十的门槛了！这些年来，常有年青的朋友要我谈谈从事语言文字工作的心得体会。作为过来人，回首大半个世纪来的学术生涯，一直都在跟语言文字打交道，从学习语文到教授语文、研究语文，边教边学，边研边学，学习始终是没有停息的。尽管早就在教授语文，早就在研究语文，学习仍然没有歇息，一旦停止了学习，也就无法进行教学，无法开展研究了。这就是我们常常说“活到老，学到老”的道理。这里所说的学习当然是广义的学习，但每个人的学习总有一些侧重，既然自己年轻时就选择了语文作为终身的职业，既然从小就成了语文的“粉丝”，那这辈子的学习，也就自然要侧重于语文方面了。我这里强调不断学习，强调“从一而终”，并非危言耸听，也绝无吓唬年轻人之意。事实确实是如此，任何一门学问，任何一个学科，都是在不断发展之中的。语文是人们须臾不能离开的东西，也是社会须臾不能缺少的东西。我们生长在这个人类社会飞速发展、世上万物不断变化更新的时代，语言文字跟随社会不断变化自然也是无法避免的现象。我常常问自己：你要教授语文，你要研究语文，你快八十的人，你能够无视这半个多世纪来语文的变化吗？你年纪可以老，你的研究、你的学问可不能够老啊！你尽管年事已高，你的研究、你的教学却没有理由可以不面对现实，可以不联系实际，这就叫做与时俱进，叫做跟上时代。语言文字是不断在跟着时代前进，跟着社会发展的。你的学习，你的研究，自然也非同样有所前进，有所发展不可。这是我半个多世纪以来从事语言文字工作最深刻的一点体会。刚才我用了一个词“粉丝”，这是你们现在的常用语，可在我们年轻的时候，哪有这样的说法呢？如今我作为一个老语文工作者，难道就不应该跟年轻人学习，也学会使用这样一个新词？所以，我说我也要学习，包括向年青的朋友们学习，这绝不是谦虚之词，而是实实在在的心里话。年青一代，80后、90后的朋友，脑子里都有许许多多的“潮语”（不是我家乡的“潮州话”），而我呢？实在惭愧，对“潮语”的掌握远不及年轻人，这就同样有一个再学习的问题了。“潮语”的“潮”是“新潮”的“潮”，我年届八十了，当然不可能跟年轻人一样新潮，但是我要研究语言，特别是研究现代、当代的语言，我怎能把属于新潮范围的新潮语言现象置之不理、拒之门外呢？这又回到我刚才说的那句话来，年龄可以老，学问却不能老化，永远不能老化。近几年我在香港大学给研究生上“现代汉语专题研究”课，一学期十五周，每周一个专题，我当然没有把“潮语”列为一讲，因为我觉得我对此了解得很不够，还谈不上有所研究。可是，研究生们两年学习期间每人都得自选一个题目撰写硕士论文，偏偏有位同学就选了“潮语研究”这个题目，并且指明要我当他的论文指导老师。我难道可以不接受？我当然应该接受。说实在的，我指导这篇论文所花的功夫特别大，可是，当这篇论文从内容观点到篇章结构、论述力度都经过我和作者一再修改润饰，终于得到两位评审委员一致认可，给予优秀的评价时，我不仅松了一口气，有如释重负之感，更觉得从指导这篇论文中，我自己学到了不少新的东西，对“潮语”这一新鲜事物，也才算是有了一点粗略的认识。这就是“既当先生，又当学生”，也就是所谓的“教学相长”了。上面说了这么些看似离题实非离题的闲话，我的意思无非是要告诉大家，我这个“语文匠”半个多世纪来的一点体会，就是：第一，语文是社会现象，是不断随社会的发展而发展的，不能把语文现象看作是一成不变的；第二，学习语文不是一阵子的事，而是一辈子的事，一定得有不断学习的思想准备，一定得与时俱进，不断跟进语文的发展。对于从事语文专业研究的人来说，更加不能因循守旧，停滞不前，像我这样七老八十的人，也不能例外。面对层出不穷的语文现象，我们一定要细心观察，静观其变，千万不能指手画脚，动辄指责。我常常告诉我的学生：少当语言的警察，多当语言的导游，就是这个意思。

二

学习语文，对语文得有一些基本的认识。“语文”这个词通常有两种不同的含义：一指语言文字，书店和阅览室里看到的期刊如《中国语文》、《语文研究》、《语文建设》等，其中的“语文”就是指的语言文字；另一是“语言文学”的简称：大学里的“中国语文系”、“汉语文专业”，以及当今中小学里的“语文”课，各类学校入学考试中的“语文”科目等，指的都是语言文学。期刊中的“语文”实指“语言文学”的也很多，一些主要配合语文教学的刊物，如《语文教学与研究》（武汉），《语文月刊》（广州）等，指的就都是“语言文学”。我在这里谈论的“语文”，指的是语言文字而不是语言文学，也就是语言和它的书面形式——文字。有时候我们也会只说语言而不提文字，这时候的“语言”既指耳闻的语言，也指目视的语言——文字。我们常说现代中国有几位堪称语言大师的学者：赵元任、李方桂、罗常培、王力、吕叔湘、丁声树等，这些大师当然是指的语言文字研究的大师了。在弄清楚语言文字概念的前提下，我们还得进一步弄清楚语文的本质和语文的作用，才谈得上热爱语文、善待语文的问题。

在对待语言问题时，有一种观念我们必须牢牢把握，那就是要视语言为资源，重要的资源，宝贵的资源。以往的年代，人们脑子里对此并不是很明确的。我们从小接受爱国主义教育，课本里总是说：我们的祖国地大、物博，人口众多。可就没有提到“语言丰富”，可见那时还未意识到语言是资源，是值得珍惜的宝贵资源。说语言是宝贵的资源，是基于语言在社会上发挥传递信息、交流思想、承载文化的交际作用而界定的；也是基于语言跟社会存在着的相互依存关系——社会不能没有语言，语言不能脱离社会的事实而界定的。语言资源天生而来，人人享有。从牙牙学语的孩提时候开始，每个人就都拥有这份从娘胎中带来的资源，谁也抢夺不去！语言资源既属个人的财富，也属社会的财富，更是民族和国家的财富！我们国家有 56 个说着不同语言的民族，汉族还存在着的色彩缤纷的各种汉语方言，这些自然也都属于语言资源。所以说，应该在“地大物博，人口众多”后面再加上“语言丰富”这几个字，这是完全符合实际、毫不夸张的。语言资源如此丰富，我们一要大力开采，二要善于对待，使丰富多彩的语言和方言，都能在我们的经济腾飞和社会发展中充分发挥作用。当下我们要建设和谐社会，多种民族语言和多种汉语方言和谐相处，不同文化相互碰撞，相互包容，我们辽阔国土上各种各样的语言和方言都受到尊重，都能发挥各自的作用，这本身就是和谐社会的一种体现。

我国丰富的语言资源承载着我国源远流长、博大精深的优秀文化。没有一定的语言资源，文化的承传与创新也就谈不上了。大家知道我国各地存在着各式各样的地方戏曲，构成百花齐放、各呈异彩的繁荣景象。假如没有了各自不同的地方方言，这许多通过地方方言表现出来的地方戏剧和民间曲艺，又怎能显示出它们的精彩来呢？换句话说，没有粤语，哪来粤剧？没有潮州话，哪来潮剧潮曲？没有客家话，又哪来客家山歌？拿我们广东来说，谁都知道广东是语言资源特别丰富的地方，广东语言资源的丰富首先就体现在广东省内粤、闽、客三大方言鼎立上，如前所述，广东各地所拥有的独具一格的地方戏曲，正是通过省内不同的地方方言呈现出来的。从这里我们就可以看出地方方言跟地域文化间的血缘关系来。近十多年来，我国语言学界响应联合国教科文组织关于大力拯救濒危语言与方言的呼吁，中国社科院和国家语委十分重视，把这一工作列为当今语言工作的重点加以立项实施，这更说明语言资源的流失和消亡是绝对不能等闲视之的大事，作为从事语言工作的专业人士，我们更应该责无旁贷地肩负起保护语言资源，抢救语言资源的神圣职责来。既然语言资源如此重要，我们在贯彻国家语言文字政策时，就要正确理解好“推普”与保留地方方言之间的关系。“推普”绝不是要用普通话来代替各种方言，绝不是要通过“推普”把各地方言通通扫地出门，让方言在社会上消失。“推普”的目的实际上是要通过推广普通话使全国各地人民在熟悉、使用惯本地区方言的基础上都来学好另一种全社会共同使用的交际工具——社会通用语，让每个人都从单一的语言生活过渡到双语的生活：既能用社会共同语进行社会交际，又继续保留自己的方言作为乡亲之间、家庭之间以及一定社会环境中的交际用语，达到“推行一种（普通话），保留多种（方言）”的目的，使我国丰富的语言资源都能发挥它们应有的作用。那种以为既然要推行普通话，就不要再保留各地方言的想法是糊涂的想法，是没能善待语言资源的错误见解。假如“推普”的结果导致潮州的孩子不会说潮州话，广州的孩子不会说广州话，这绝不能视为“推普”的成功。

三

在对语言文字的性质有所认识，建立起语言是资源的观念以后，我们再来谈谈语文学习的相关问题。我们必须明白：语言文字既是人类社会必不可少的交际工具，也是人们掌握文化知识，探索科学奥秘必不可少的工具。语文知识是基础知识，它处于人类知识大厦的底层，对整个知识大厦的建造起着基石的作用。语文学习堪称是各类学习的基础，语文水准的高低不但直接影响到各项工作的成效，也影响到人们智力的发展和道德观念的形成。大科学家爱因斯坦就曾说过："一个人的智力发展和他形成概念的方法在很大的程度上是取决于语言的。"正因为语文学习是各种文化科学学习的起点，语文课在各类学校的课程设置中，总是被摆到突出的地位上。就算到了大学阶段，语文课程不仅在人文学科中受到重视，连理工方面的系科，同样也把"大学语文"列为必修课，而语言文字方面的知识则始终是语文课的重要内容。

语言文字范围广泛，内容丰富，基础是什么？基础指的是基本知识和基本技能。要打好语言文字的基本功，就一定要从基本知识的掌握和基本技能的训练抓起。对于中文系科的大学生来说，首先就要扎扎实实地学好语言方面的几门基础课：现代汉语、古代汉语和语言学概论等。照理说，如果认真学好这几门课，基础应该是不错了。但除此以外，还应该补充找些语言文字的专书来读。这里要特别提一提的是：目前绝大多数高校中文系都没有开设方言方面的课程，同学们只能从“现代汉语课”的绪论中接触到一点点汉语方言的信息，那当然是很不够的。汉语方言资源丰富，情况复杂，汉语方言的研究早已成为中国语言学研究的热门，作为中文系的学生，不掌握汉语方言的基本知识，是说不过去的。更何况方言知识的掌握也是和“基本技能”的训练紧紧相连的：国际音标记音的训练，方言调查的训练，都是语言文字基本功的重要部分。我想作为中文系的学生，是不应该忽略这类技能的训练的。

语言文字的学习要特别注重培养自己分析问题和解决问题的能力。这就得在理论和实践的结合上下点工夫，要多多联系语言发展的实际和语言应用的实际来思考问题，寻求答案。例如在当今的社会语言生活中，新词新语层出不穷，稀奇古怪的语言现象扑面而来，叫人眼花缭乱。特别是因特网的普及带来网络语言的大量出现，时刻冲击着传统的词汇结构系统，乃至整个语言系统，往往使人在取舍之间犹疑难定。在这种情况下，既不能手足无措，也不能匆忙定夺。一定得面对现实，认真分析，冷静对待。话说回来，这倒是我们从事语言教学、语言研究的老师、同学们一个业务锻炼的好机会，如何面对形形色色的语言现象，从中理出头绪，作出判断，无疑是测试我们解决语言问题能力的试金石。几年前我曾有机会受某大报理论版之邀，几度参与针对网络语言是是非非的讨论，发表一管之见，深感得益匪浅。建议年青的朋友，特别是攻读人文学科的朋友，也能多多参与探讨这类现实语言生活中的问题，这对于提高自己的语文水平，多少总会有些帮助的。

语言文字的学习，要同时注意口语的训练和书面语的训练。只注重书面语而不注意口语表达的训练是片面的。就以写作而言，当年叶圣陶就提倡写白话文基本上应该是“写话”，如果口语表达通顺流畅，写出来也就基本通顺，用不着花多大力气去修改了。现在我们大家都在学普通话，如果你能说上一口流利的普通话，写起文章来当然会方便得多。鲁迅说文章写完要“多读几遍”，也就是这个意思，自己读来感到不顺口、不自然的就改，改到顺口、流畅为止。可见口语始终是书面语的基础，绝对不能忽视。

四

最后再谈一点语文学习中要做有心人的问题。开头说过，语文学习不是一阵子的事，一定要有耐心，要持之以恒。除了勤学苦练这一基本方法以外，很重要的一点就是要做有心人。语言出自我们嘴里，语言文字无所不在，社会生活中随时随地都有语言文字的踪影。只要我们稍加留神，在我们身边就不乏值得关注、可以推敲的语文实例。所以说，学习语言、研究语言，只要你能做有心人，便随时可以发现语言问题，到处可以取材。报摊上买来一份报纸，电视机里出现一些节目，仔细端详一番，说不定就会遇到语言文字上的问题。不是有份杂志叫做《咬文嚼字》吗？就是刊登这类有心人信手拈来就加以议论一番的语文现象。从事某类职业的人，往往对某类现象会有特别的敏感性。我们整天跟语文打交道，自然也会有语文方面的特别敏感性。这不是什么坏事。我倒觉得应该把我们对语言文字的敏感性充分调动起来！我的博士生甘于恩教授和韩山师范学院的林伦伦教授在这方面就都做得很不错。他们看《羊城晚报》就特别注意报纸有什么语言上的纰漏没有，做评析《羊城晚报》语言文字的有心人，一有发现就发而为文，日积月累，甘教授已经出了一本评析《羊城晚报》新闻语言的书。他每篇文章指出一两个语言运用上的毛病，对症下药，深受新闻从业人员的欢迎。我在这里呼吁所有有志于语文工作的青年朋友，大家都来做有心人，不知同道朋友能响应否？我深信，如果你能当有心人，首先你自己的语文水平一定会有很快的提升，你语文上的进步绝不是只读三两本语文书籍的人可以比拟的。

上面拉拉杂杂谈了我几十年来跟语文打交道的点滴体会。最后，希望全社会都来关注青年人语文修养的提高，语文专业人士都来面向语文应用的实际，时刻关注摆在我们面前的各种复杂语文现象，好好地分析它，解决它。

【附录】

詹伯慧专访

羊城晚报讯 记者张演钦报道：暨南大学汉语方言研究中心名誉主任詹伯慧教授昨天接受了《羊城晚报》记者的采访，他说，“任何一个电视台，都应该保留相当比例的普通话播音”。

詹伯慧说，他一直认为，推广普通话并不是要让方言消失，“就算在上世纪50年代推普最雷厉风行的年代，国家的语言政策也是这个立场”；而是要让方言区的人民从只说方言的单一语言生活过渡到普通话+方言的双语生活，两种语言并存并用，各司其职。“所以，一是要推广普通话，二是要保留方言，这就是“推广一种（普通话），保留多种（方言）”。

语言环境当然对学话很重要。但是，尽管大力推广普通话，像广州这样的地方，作为强势方言的粤语，是否会因使用普通话的环境扩大了，粤语就会萎缩下来？詹伯慧说，普通话的推广就是要让其在社会语言交际中逐渐扩大地盘，以至于逐渐处于主流的地位。这有什么不好呢？广州话是不会因此消失的。当广州人在家庭中或是在外面遇到自己家乡人时，不也照样讲广州话吗？我们要提倡的只是在公共的场合，例如执行公务、举行会议、进行教学、新闻宣传时，就要多用普通话，便于大家相互沟通，避免因语言隔阂产生误会。应该明白，广州不仅仅是广州人的广州，它还是中国中心城市之一的广州，也是国际化的广州。怎么能不通行全国通行的普通话？詹伯慧也留意到了有人在网络上说过这样的话："广州人不讲广州话了，还能叫广州吗？"他不认同会有听不到广州话的广州。认为这样的假设是不现实的。广州人怎么会不说广州话？有谁不让你说广州话？只是说要看场合，在什么场合说广州话，在什么场合说普通话。不要忘记广州是省会，广东全省方言众多，假如开会不用普通话而用广州话，潮州人、客家人都无法听懂，也无法发言，那怎么办？

推普会否让粤语空间萎缩？詹伯慧说：“在社会语言交际的层面，的确非腾出一些‘地盘’来给全国通用的普通话不可。这是完全必要的，也是推普这一国家语言政策必须达到的目的。但是我还得重复地说，推普并不是要把方言‘扫地出门’，方言，特别是像广州话这样在海内外使用人口很多，影响很大的方言，存在和应用的空间还是很广阔的。我是研究方言的，始终不断呼吁要一方面大力推普，一方面大力发挥方言的作用，当然我们绝不能有要以粤语来抵制普通话在广东推广的思想，那样想是绝对错误的。”詹伯慧一辈子研究粤语，也一辈子支持推普，他认为粤语不会萎缩，因为它是强势方言。从通行范围、社会使用率、文化背景以及粤语是岭南文化的主要载体、港澳两个特区始终都以粤语为主要社会通用语、海外华人社区中粤语仍是主要交际语之一等许多方面来看，粤语始终是充满活力的汉语方言。

有人反映说，越来越多的小孩不会说粤语了。詹伯慧认为：“这不是推普的过失。普通话是公务用语、宣传用语、教学用语以及不同方言区人们交流的共同语，但不是一切场合都必须使用的语言。前面说了，每个人都应该努力学会说普通话，除了自己的方言，还会说普通话。这个要求并不高。多学一种话，有什么不好?”詹伯慧说，你的小孩在幼儿园里说普通话，在家里你就完全可以和他说粤语，你不应该让他忘记了生下来就会说的广州话。如果家长在家是说粤语的，但孩子不懂粤语，那是家长的责任，说明你和孩子用粤语的交流太少。

詹伯慧说，使用普通话有个好处，本地人懂，外地人也懂。“以前粤语广播较多，用意之一是要照顾那些还没能听懂普通话的广州人。因为还有相当一部分广州人不会普通话。以人为本，现在越来越多广州人懂得普通话了，如果适当增加普通话的广播，一方面可以让广州人有更多机会接触普通话，学好普通话；一方面也能照顾到许多外来的人，让不懂粤语的几百万外来人口能及时了解国家大事，掌握各种信息，那应该不会有什么负面的作用吧。”

有人说推普妨碍了粤语文化的推广。詹伯慧说，不会。语言是文化的载体。通过不同的文化载体是可以传播同一文化的，这就是我们通常说的翻译。用普通话宣传、传播粤语文化，是可以让那些还不会粤语的外地人领略粤语文化、喜欢粤语文化的，就像我们大多数不熟悉英语的人也可以通过汉译本来阅读莎士比亚的作品，了解当时的西方文化一样。

“有人说‘要保护粤语’，我不赞成。所谓保护，意思是敌人来了，被侵略了，可普通话真的是你的敌人吗？不是，它是方便全国人民相互交流的工具。所以我的观点一直是，既要大力推广普通话，也要充分发挥方言的作用。中国人到了国外，讲的是英语，到处是英语的环境，但是正如一句唐诗所言‘乡音无改鬓毛衰’，自己的汉语，自己的乡音，是不会轻易丢掉的。”

（2010年6月9日《羊城晚报》刊登时报社略作删削，并安上一个标题：《普通话是粤语的敌人吗？》）

詹伯慧教授小传

詹伯慧教授，1931年生，广东饶平新丰镇人。1953年毕业于由王力教授创办的中山大学语言学系。从师中国语言学大师王力教授和著名方言学家袁家骅教授。历任武汉大学助教、讲师、副教授、教授30年，1983年调入广州暨南大学任教授，1985年任暨大复办后首任文学院院长，兼任汉语方言研究室（1994年更名为汉语方言研究中心）主任。现为暨南大学中文系教授，汉语方言研究中心名誉主任，兼任香港大学中文学院名誉教授。1990年被国务院学位办评为博士研究生导师，在暨南大学中文系建立第一个博士点——现代汉语博士点。1991 年开始招收攻读汉语方言学博士研究生。迄今詹教授已培养毕业博士研究生 29 人，硕士研究生 9 人，其中包括来自港、澳、台的博士生 5 人，硕士生 2 人。1994 年我国首批 5 名攻读汉语方言学的博士研究生毕业，获授博士学位，其中出自詹伯慧教授门下的就占了 4 位。如今詹教授的门生都已成为汉语方言学界的骨干力量。

詹伯慧教授从教 57 年（1953—2010）来在汉语方言、汉语辞书、汉语应用和汉语规范等领域做了大量的研究、教学工作，取得了许多令人瞩目的成就，在海内外学术界享有很高的声望。他早年参加由北京大学袁家骅教授主持的《汉语方言概要》的编写工作，负责编写粤方言和闽南方言两章，约占全书 50 万字中的三分之一。此书为我国第一部全面论述汉语方言的著作，在海内外学术界影响很大。他在辞书的编纂方面也有卓著成就，曾担任《汉语大字典》编委多年，主持该字典的收字审音工作。他还是《中国大百科全书·语言文字卷》中方言分科的副主编，撰写了许多方言方面的条目。近期他正负责主编《中国语言文字大词典》中的汉语方言卷（约300万字），此书作为我国历来最大型的方言及方言学大词典，预计三五年内便可问世。20世纪80年代以来，詹教授屡屡受聘到境外一些著名的学府讲学。1980年至1982年，他作为我国首位教育部推荐的语言学者受聘到日本东京大学讲学两年，为中日两国语言学界的学术交流开了先河。当年他在日本培养的学生，如今都已成为日本汉学界的知名学者。此后詹教授先后在法国高等社会科学院（1990）、新加坡国立大学（1998）、美国加州（柏克莱）大学（1998）、香港大学（1986、2000、2004—2010）、香港中文大学（1987、1992）、香港科技大学（2005）以及台湾中央研究院（1995）等著名学术机构担任客座教授或开设讲座。他所授的课和他所作的学术讲演都给听讲者留下了深刻的印象，获得了普遍的赞誉。

詹伯慧教授已刊著作逾30多部，发表论文300多篇。先后出版过《汉语方言文集》（日本东京龙溪书舍，1982）、《语言与方言论集》（广东人民出版社，1993）、《方言　共同语语文教学》（澳门日报出版社，1995）、《漫步语坛的第三个脚印——汉语方言与语言应用论集》（暨南大学出版社，2002，增订本2006）、《詹伯慧（1953—2008）语文评论集》（暨南大学出版社，2009）等五部个人论文选集。他主编的广东省社会科学“七五”、“八五”、“九五”规划重点研究项目成果《珠江三角洲方言调查报告》（三卷本，1987、1988、1990）、《粤北十县市粤方言调查报告》（1994）和《粤西十县市粤方言调查报告》（1998）等多次获评为国家教委和省社科优秀成果奖。他主编的全国高校通用教材《汉语方言及方言调查》获评为国家教委第三届普通高校优秀教材二等奖。进入21世纪以来，由他主编、粤港澳三地一批粤语学者共同编纂的《广州话正音字典》（2002）以及由他主编、他的几位博士生协力完成的《广东粤方言概要》（2002）相继出版，受到学术界的高度赞赏。《广州话正音字典》为我国第一部方言正音字典；《广东粤方言概要》于2005年5月荣获广东省首届社会科学优秀成果一等奖（政府奖），这是广东语言学科大量著作中获此殊荣的唯一一部著作。

詹教授1992年获国务院颁发“有突出贡献”证书，享受政府特殊津贴。1992年和1997年他两度被国家语言文字工作委员会评为全国语言文字先进工作者，1997年暨南大学授予他“八五”（1991—1995）期间杰出科研工作者称号，2001年获评为暨南大学优秀研究生导师，2002年又被评为暨南大学“十佳先进个人”。2005年詹教授从暨大退休以后，一直作为香港大学名誉教授为港大中文学院MA研究生班开设现代汉语专题研究课程。

他的业绩被海内外许多名人辞典所刊载。1988年他当选第七届全国人民代表大会代表，1993年和1998年又连续两届出任第八届、第九届全国政协委员。他连续15年在全国“两会”中积极参政议政，建言献策，获得过第九届全国政协优秀提案奖。詹教授是中国民主同盟盟员，自1988年起连续两届被选为中国民主同盟中央委员会委员及广东省委员会副主任委员。

他还被推举为暨南大学首任老教授协会会长，现任该协会名誉会长。2008 年暨南大学百年校庆之际，詹教授被授予“暨南大学终身贡献奖”。

目前詹教授仍担任一些相关学术团体的领导职务，如广东省中国语言学会名誉会长、广东省社会科学联合会顾问、中国语文现代化学会顾问、全国汉语方言学会理事、中国辞书学会理事等。他还是广东省语言文字工作委员会委员，曾任第一、第二届广东省学位委员会委员，并曾被广东省人民政府任命为广东省人民政府文史研究馆副馆长达十年之久（1991—2000），现仍为该馆馆员。